그리스도인의 성숙

이문선 지음 · 두루제자훈련원 편

엔크리스토
ENCHRISTO

"예수께서 모든 도시와 마을에 두루 다니사
그들의 회당에서 가르치시며
천국 복음을 전파하시며
모든 병과 모든 약한 것을 고치시니라"

(마 9:35)

두루제자훈련원(두루선교회)은
예수님이 모든 도시와 마을에 두루 다니사
가르치시며(teaching ministry)
전파하시며(preaching ministry)
고치시는(healing ministry)
사역을 하신 것을 통하여
두루선교에 대한 비전을 가지고 사역하고 있다.

주님께서 우리에게 부탁하신 지상명령은 이 땅 위에 하나님의 나라를 확장하라는 것입니다.

하나님의 나라를 확장하려면 평신도들이 재생산하는 주님의 제자가 되어야 합니다. 주님의 교회는 성도들을 재생산하는 제자로 훈련시켜야 합니다.

이것은 교회 성장을 넘어 교회보다 더 큰 개념인 하나님 나라의 확장을 이루기 위한 것입니다. 우리는 지상명령을 실천하기 위하여 평신도를 무장하려고 합니다.

이 일을 위한 방편으로 그 동안 교회의 목회 현장에서 목회자들과 성도들과 청년들과 함께 공부해 오던 내용들을 정리하여 부족하지만 교재로 출간하게 되었습니다.

본인의 경우 부교역자 때 처음 청년부에 적용해 보았는데 그들이 예수님을 영접하고 말씀을 열심히 배우고 교회로 돌아오고 변화되는 것을 경험하였습니다.

교회를 개척하여 장년부에도 적용하여 보았는데 기존 교인들보다 오히려 초신자들이 더 열심히 배우고 빠르게 성장하는 것을 경험하였습니다.

고등학생 두 명을 데리고 제자성경공부를 시작하였는데 이들이 크게 성장하여 이후 대학에 들어가 캠퍼스에서 제자훈련을 실시하게 되었습니다.

복음을 듣고 교회 출석하여 6개월만에 학습 받고 캠퍼스 리더로 사역하는 모델도 나왔습니다. 큰 교회는 말할 것도 없거니와 작은 교회는 한번 실시해 보기를 권합니다.

개척교회라 사람이 없으면 여자반, 남자반, 청년반, 학생반 네 반을 만들어 각 반에 최소 두 명으로 시작해 볼 것을 권합니다. 교회가 건강하게 성장하고 성도들이 행복하게 신앙 생활하며 재생산하는 것을 경험하게 될 것입니다.

하나님께서 훈련되고 무장된 성도들을 구름 떼와 같이 일으키셔서 하나님의 나라가 크게 확장되어 가기를 소망합니다.

2006. 새해 아침에

이문선(Moon Sun Lee)

유재원 교수(총신대학교 신학대학원 구약학)

　저자는 총신대학교 신학대학원에서 공부하며 '제자훈련의 이론과 실제' 라는 졸업 논문을 썼고 우수한 성적으로 졸업하였습니다.

그 이후 계속 공부하면서 교회를 개척하여 목회에 적용하며 제자훈련을 실시하였고 지금까지 30여년 가까이 제자훈련 이 한 길만을 걸어오며 연구하고 발전시켰습니다.

그래서 큰 교회는 말할 것도 없고 특별히 작은 교회에 좋은 모델이 될 수 있다고 봅니다.

　두루제자훈련 교재는 개혁주의적인 입장에서 쓴 제자훈련 신학이 잘 정립된 교재일 뿐만 아니라 개척 시부터 교회를 성장시키기까지 목회 현장에서 경험한 내용들을 정선하여 교재화한 매우 현장감 넘치는 내용들을 담고 있습니다.

　그동안 한국 교회는 대부분 전통적인 목회 방식으로 교회 성장을 이루려 해 왔으나 본 교재는 제자훈련 목회를 도입한 새로운 목회 방향을 제시하고 있습니다.

그러므로 두루제자훈련 교재는 제자훈련을 한 단계 더 향상시켰고 평신도 사역의 새로운 모델을 제시했다고 봅니다.

　두루제자훈련 교재는 평신도가 배운 후 그가 다른 사람들을 양육할 수 있도록 구성되어 있으므로 양육 교재는 아주 이해하기 쉬운 특성을 가지고 있습니다.

　이 사실은 이미 전국의 교회 장년부와 청년부 그리고 중고등부에서 사용하고 있으며 전국의 대학 캠퍼스와 고등학교, 직장 모임 등에서 두루제자훈련 교재를 사용하여 사역을 하고 있는 것으로 보아 충분히 입증되고 있습니다. 놀라운 일은 이런 모임들을 훈련된 평신도들이 인도하고 있으며 특별히 청년들은 아주 탁월하게 사역하는 모델들을 보게 됩니다.

　본인은 두루제자훈련원의 사역을 들으면서 신선하며 목회의 새로운 비전을 보았습니다. 앞으로 두루제자훈련원을 통해 한국 교회의 변화와 성장을 가져올 것으로 믿습니다.

더 나아가 국내뿐만 아니라 전 세계로 확산되어 하나님 나라의 확장에 크게 기여할 것으로 확신하며 기쁘게 추천하는 바입니다.

차례

제10권 250 제자훈련과정 5단계
그리스도인의 성숙
그리스도인의 신앙 성숙을 위한 주제들을 공부하고
하나님의 뜻을 분별하도록 돕고 있다.

1. 성령의 인도하심과 깨닫게 해 주시기를 위해 기도하십시오.

2. 결석과 지각을 하지 않고 성실히 참석하도록 하십시오.

3. 예습과 복습을 철저히 하십시오.

4. 각 참고 구절의 배경과 의미를 파악하십시오.

5. 토의에 적극 참여하도록 하십시오.

6. 열린 마음으로 정답이 아니라 자신의 생각을 나누십시오.

7. 작은 실천을 구체적으로 적용하십시오.

8. 적용한 것을 실천하기 위해 기도하십시오.

9. 지식적인 성경공부보다 인격과 삶의 변화에 힘쓰십시오.

10. 각 과의 소감과 깨달은 말씀을 정리해 놓으십시오.

11. 과제를 철저히 하는 습관을 기르십시오.

12. 매일 경건 생활을 훈련하는 습관을 기르십시오.

1. 그리스도의 주재권

"그런즉 이스라엘 온 집은 확실히 알지니 너희가 십자가에 못 박은
이 예수를 하나님이 주와 그리스도가 되게 하셨느니라 하니라" (행 2:36)

1

예수님을 구주로 믿을 뿐만 아니라 주님으로 모시고 살 때 영적 성숙이 이루어집니다.

'그리스도의 주재권' 이란 '그리스도의 주님 되심(Lordship)'을 말합니다.

주재권이란 왕권을 말하며 주님이 왕으로 통치하시는 것을 뜻합니다.

우리는 하나님 나라의 백성이며 하나님 나라의 왕은 예수 그리스도이십니다.

(계 19:16) 그 옷과 그 다리에 이름을 쓴 것이 있으니 만왕의 왕이요 만주의 주라 하였더라

예수 그리스도는 만왕의 왕이시며 만주의 주십니다.

그리스도인의 신앙 고백 중 핵심은 '예수는 주이시다'입니다.

우리는 우리의 왕이신 주님의 다스리심을 받으며 살아야 합니다.

그러므로 그리스도의 주재권을 인정하는 삶이란 예수 그리스도를 온전히 주로 모셔 모든 생활의 영역에서 주인이 되시도록 하는 것입니다.

이는 또한 그리스도께서 우리의 삶을 주관하시는 것을 말합니다.

우리는 주님께 우리 삶의 통치권을 드려야 합니다.

제자는 적어도 주님의 주님 되심이 확립된 사람입니다.

1. 그리스도의 주님 되심

1) '여호와' 하나님의 호칭을 신약에서는 누구에게 적용하였습니까?

(시 110:1) 여호와께서 내 주께 말씀하시기를 내가 네 원수들로 네 발판이 되게 하기까지 너는 내 오른쪽에 앉아 있으라 하셨도다

(마 22:44) 주께서 내 주께 이르시되 내가 네 원수를 네 발 아래 둘 때까지 내 우편에 앉아 있으라 하셨도다 하였느냐

(마 22:45) 다윗이 그리스도를 주라 칭하였은즉 어찌 그의 자손이 되겠느냐 하시니

(욜 2:32) 누구든지 여호와의 이름을 부르는 자는 구원을 얻으리니

(행 2:21) 누구든지 주의 이름을 부르는 자는 구원을 받으리라 하였느니라

(롬 10:13) 누구든지 주의 이름을 부르는 자는 구원을 받으리라

2) 예수님은 어떻게 주님이 되셨고 여기에는 어떤 의미가 있습니까?

(행 2:36) 그런즉 이스라엘 온 집은 확실히 알지니 너희가 십자가에 못 박은 이 예수를 하나님이 주와 그리스도가 되게 하셨느니라 하니라

(빌 2:9) 이러므로 하나님이 그를 지극히 높여 모든 이름 위에 뛰어난 이름을 주사

(빌 2:10) 하늘에 있는 자들과 땅에 있는 자들과 땅 아래 있는 자들로 모든 무릎을 예수의 이름에 꿇게 하시고

(행 5:31) 그를 오른손으로 높이사 임금과 구주로 삼으셨느니라

3) 구원을 얻기 위해서 나는 예수님을 누구라고 고백해야 합니까?

(롬 10:9) 네가 만일 네 입으로 예수를 주로 시인하며 또 하나님께서 그를 죽은 자 가운데서 살리신 것을 네 마음에 믿으면 구원을 받으리라

(롬 10:10) 사람이 마음으로 믿어 의에 이르고 입으로 시인하여 구원에 이르느니라

4) 나는 예수님을 주님으로 믿고 시인하고 있습니까?

핍박을 당할 때 예수님을 저주하지 않고 '주'이시라고 시인하겠습

니까?

2. 주님의 주재권의 영역

1) 예수 그리스도의 주 되심의 영역에 대해 말해 보십시오.

(행 10:36) 만유의 주 되신 예수 그리스도로 말미암아 화평의 복음을 전하사

(엡 1:22) 또 만물을 그의 발 아래에 복종하게 하시고 그를 만물 위에 교회의 머리로 삼으셨느니라

(막 4:39) 예수께서 깨어 바람을 꾸짖으시며 바다더러 이르시되 잠잠하라 고요하라 하시니 바람이 그치고 아주 잔잔하여지더라

(요 11:43) 이 말씀을 하시고 큰 소리로 나사로야 나오라 부르시니

(막 5:8) 이는 예수께서 이미 그에게 이르시기를 더러운 귀신아 그 사람에게서 나오라 하셨음이라

(계 5:11) 내가 또 보고 들으매 보좌와 생물들과 장로들을 둘러 선 많은 천사의 음성이 있으니 그 수가 만만이요 천천이라 (계 5:12) 큰 음성으로 이르되 죽임을 당하신 어린 양은 능력과 부와 지혜와 힘과 존귀와 영광과 찬송을 받으시기에 합당하도다 하더라

(요 5:27) 또 인자 됨으로 말미암아 심판하는 권한을 주셨느니라

(엡 2:10) 우리는 그가 만드신 바라 그리스도 예수 안에서 선한 일을 위하여 지으심을 받은 자니

(벧전 1:18) 너희가 알거니와 너희 조상이 물려준 헛된 행실에서 대속함을 받은 것은 은이나 금 같이 없어질 것으로 된 것이 아니요 (벧전 1:19) 오직 흠 없고 점 없는 어린 양 같은 그리스도의 보배로운 피로 된 것이니라

2) 예수님을 믿는다는 것은 예수님을 어떻게 대하는 것입니까?

(골 2:6) 그러므로 너희가 그리스도 예수를 주로 받았으니 그 안에서 행하되

3) 나는 현재 주님께 어떤 존재입니까?

(사 43:1) 야곱아 너를 창조하신 여호와께서 지금 말씀하시느니라 이스라엘아 너를 지으신 이가 말씀하시느니라 너는 두려워하지 말라 내가 너를 구속하였고 내가 너를 지명하여 불렀나니 너는 내 것이라

(벧전 2:9) 그러나 너희는 택하신 족속이요 왕 같은 제사장들이요 거룩한 나라요 그의 소유가 된 백성이니

4) 지금 내 마음의 왕좌에는 누가 앉아 있습니까?

나의 주인은 누구입니까?

내가 주인 노릇 하는 것을 어떻게 해결하겠습니까?

3. 내 지체를 드리라

1) 우리는 지체를 어떻게 해야 합니까?

(롬 6:13) 또한 너희 지체를 불의의 무기로 죄에게 내주지 말고 오직 너희 자신을 죽은 자 가운데서 다시 살아난 자 같이 하나님께 드리며 너희 지체를 의의 무기로 하나님께 드리라

(롬 6:18) 죄로부터 해방되어 의에게 종이 되었느니라

2) 우리는 지체의 어떤 부분을 어떻게 사용해야 합니까?

(창 3:6) 여자가 그 나무를 본즉 먹음직도 하고 보암직도 하고

(욥 31:1) 내가 내 눈과 약속하였나니 어찌 처녀에게 주목하랴

(딤후 4:3) 때가 이르리니 사람이 바른 교훈을 받지 아니하며 귀가 가려워서 자기의 사욕을 따를 스승을 많이 두고

(잠 4:20) 내 아들아 내 말에 주의하며 내가 말하는 것에 네 귀를 기울이라

(히 13:15) 그러므로 우리는 예수로 말미암아 항상 찬송의 제사를 하나님께 드리자 이는 그 이름을 증언하는 입술의 열매니라

(엡 4:29) 무릇 더러운 말은 너희 입 밖에도 내지 말고 오직 덕을 세우는 데 소용되는 대로 선한 말을 하여 듣는 자들에게 은혜를 끼치게 하라

(눅 6:45) 선한 사람은 마음의 쌓은 선에서 선을 내고 악한 자는 그 쌓은 악에서 악을 내나니 이는 마음에 가득한 것을 입으로 말함이니라

(빌 2:5) 너희 안에 이 마음을 품으라 곧 그리스도 예수의 마음이니

(마 5:30) 또한 만일 네 오른손이 너로 실족하게 하거든 찍어 내버리라

(잠 31:20) 그는 곤고한 자에게 손을 펴며 궁핍한 자를 위하여 손을 내밀며

(빌 3:19) 그들의 마침은 멸망이요 그들의 신은 배요 그 영광은 그들의 부끄러움에 있고

(고전 6:13) 음식은 배를 위하여 있고 배는 음식을 위하여 있으나 하나님은 이것 저것을 다 폐하시리라 몸은 음란을 위하여 있지 않고 오직 주를 위하여 있으며 주는 몸을 위하여 계시느니라

(롬 3:15) 그 발은 피 흘리는데 빠른지라

(롬 10:15) 기록된 바 아름답도다 좋은 소식을 전하는 자들의 발이여 함과 같으니라

   3) 나는 지체를 어떻게 사용해 왔습니까?
지체를 주님을 위해 사용하고 있습니까? 자신을 위해 사용하고 있습니까?

   4) 나의 몸과 마음이 주님의 도구가 되지 않고 사탄의 도구가 되었다면 그것을 어떻게 하겠습니까?

4. 나의 삶 가운데 주재권의 영역

   1) 우리의 일상생활에서 주님의 주재권을 인정해야 할 영역은 무엇입니까?

(눅 14:33) 누구든지 자기의 모든 소유를 버리지 아니하면 능히 내 제자가 되지 못하리라

(마 6:24) 너희가 하나님과 재물을 겸하여 섬기지 못하느니라

(잠 3:5) 너는 마음을 다하여 여호와를 신뢰하고 네 명철을 의지하지 말라

(잠 3:6) 너는 범사에 그를 인정하라 그리하면 네 길을 지도하시리라

(잠 16:9) 사람이 마음으로 자기의 길을 계획할지라도 그의 걸음을 인도하시는 이는 여호와시니라

(시 37:5) 네 길을 여호와께 맡기라 그를 의지하면 그가 이루시고

(엡 5:16) 세월을 아끼라 때가 악하니라

(고전 15:33) 속지 말라 악한 동무들은 선한 행실을 더럽히나니

(잠 13:20) 지혜로운 자와 동행하면 지혜를 얻고 미련한 자와 사귀면 해를 받느니라

(딤후 2:22) 또한 너는 청년의 정욕을 피하고 주를 깨끗한 마음으로 부르는 자들과 함께 의와 믿음과 사랑과 화평을 따르라

(약 4:13) 오늘이나 내일이나 우리가 어떤 도시에 가서 거기서 일 년을 머물며 장사하여 이익을 보리라 하는 자들아 (약 4:14) 내일 일을 너희가 알지 못하는도다

(고전 7:20) 각 사람은 부르심을 받은 그 부르심 그대로 지내라

(고후 6:14) 너희는 믿지 않는 자와 멍에를 함께 메지 말라

(고전 7:39) 아내가 그 남편이 살아 있는 동안에 매여 있다가 남편이 죽으면 자유로워 자기 뜻대로 시집 갈 것이나 주 안에서만 할 것이니라

(막 3:35) 누구든지 하나님의 뜻대로 행하는 자가 내 형제요 자매요 어머니이니라

(마 10:36) 사람의 원수가 자기 집안 식구리라

(마 10:37) 아버지나 어머니를 나보다 더 사랑하는 자는 내게 합당하지 아니하고 아들이나 딸을 나보다 더 사랑하는 자도 내게 합당하지 아니하며

(막 10:29) 나와 복음을 위하여 집이나 형제나 자매나 어머니나 아버지나 자식이나

전토를 버린 자는 (막 10:30) 현세에 있어 집과 형제와 자매와 어머니와 자식과 전토를 백 배나 받되 박해를 겸하여 받고 내세에 영생을 받지 못할 자가 없느니라

(히 11:16) 그들이 이제는 더 나은 본향을 사모하니 곧 하늘에 있는 것이라

(눅 9:58) 여우도 굴이 있고 공중의 새도 집이 있으되 인자는 머리 둘 곳이 없도다

(민 2:2) 이스라엘 자손은 각각 자기의 진영의 군기와 자기의 조상의 가문의 기호 곁에 진을 치되 회막을 향하여 사방으로 치라

(고전 10:31) 너희가 먹든지 마시든지 무엇을 하든지 다 하나님의 영광을 위하여 하라

2) 나의 삶의 영역 가운데 주님의 주재권을 어떻게 실현해야 합니까?

3) 나의 삶 속에서 주님은 주인입니까? 아니면, 손님입니까?
나의 삶에서 주님의 주님 되심을 인정하지 않고 있는 영역은 무엇입니까?

4) 나의 삶에서 주님께 드리지 않은 영역이 있다면, 어떻게 해결하겠습니까?

5. 주님의 종으로 섬김
1) 왕이신 예수님이시지만 종으로 섬기신 모범을 이야기해 보십시오.
(빌 2:5) 너희 안에 이 마음을 품으라 곧 그리스도 예수의 마음이니 (빌 2:6) 그는 근본 하나님의 본체시나 하나님과 동등됨을 취할 것으로 여기지 아니하시고 (빌 2:7) 오히려 자기를 비워 종의 형체를 가지사 사람들과 같이 되셨고 (빌 2:8) 사람의 모양으로 나타나사 자기를 낮추시고 죽기까지 복종하셨으니 곧 십자가에 죽으심이라

(사 53:11) 나의 의로운 종이 자기 지식으로 많은 사람을 의롭게 하며 또 그들의

죄악을 친히 담당하리로다

(요 13:4) 겉옷을 벗고 수건을 가져다가 허리에 두르시고 (요 13:5) 이에 대야에 물을 떠서 제자들의 발을 씻으시고 그 두르신 수건으로 닦기를 시작하여

2) 종으로서 섬기는 자세는 어떠해야 합니까?

(눅 17:10) 우리는 무익한 종이라 우리의 하여야 할 일을 한 것뿐이라 할지니라

(고후 8:9) 우리 주 예수 그리스도의 은혜를 너희가 알거니와 부요하신 이로서 너희를 위하여 가난하게 되심은 그의 가난함으로 말미암아 너희를 부요하게 하려 하심이라

(고전 4:2) 그리고 맡은 자들에게 구할 것은 충성이니라

3) 우리가 섬겨야 할 대상은 누구입니까?

(요 12:26) 사람이 나를 섬기려면 나를 따르라 나 있는 곳에 나를 섬기는 자도 거기 있으리니 사람이 나를 섬기면 내 아버지께서 그를 귀히 여기시리라

(히 13:17) 너희를 인도하는 자들에게 순종하고 복종하라

(갈 5:13) 오직 사랑으로 서로 종 노릇 하라

(고전 9:19) 내가 모든 사람에게서 자유로우나 스스로 모든 사람에게 종이 된 것은 더 많은 사람을 얻고자 함이라

4) 나는 섬기고 있습니까? 아니면, 섬김을 받으려 합니까?

나는 종으로 살아가기 위해 어떻게 하겠습니까?

이 과를 마치면서

1. 내가 예수님을 주님으로 인정하지 않으려고 하는 이유는 무엇입니까?

   주님이 종 되신 사실을 깊이 묵상하고 주님을 본받도록 합시다.

소감 및 깨달은 말씀

2. 하나님의 청지기

"각각 은사를 받은 대로 하나님의 여러 가지 은혜를 맡은
선한 청지기 같이 서로 봉사하라" (벧전 4:10)

2

모든 그리스도인은 하나님의 청지기로 부름 받았으며 청지기의 삶(the life of steward)을 살아야 합니다.

청지기란 단어는 '오이코노모스' 인데 이는 '오이코스(집)+네모(관리하다)' 의 합성어로서 신약에 10번 나옵니다.

청지기는 한 집안의 행정과 재정을 맡아 관리하는 지배인 또는 관리인을 말합니다.

청지기는 집주인을 대리하는 직책으로 주인의 집과 재산을 관리했습니다.

하나님의 청지기는 주인이 아니라 하나님이 맡기신 것을 맡아 관리하는 자입니다.

청지기는 소유권을 가진 것이 아니라 사용권을 가진 것일 뿐이며, 모든 것은 다 주인의 것으로 주인의 뜻대로 사용할 뿐입니다.

1. 성경에 나타난 청지기

1) 성경에 나타난 청지기는 어떤 사람들이었으며 어떤 일을 하였습니까?

(창 39:4) 요셉이 그의 주인에게 은혜를 입어 섬기매 그가 요셉을 가정 총무로 삼고 자기의 소유를 다 그의 손에 위탁하니

(창 39:22) 간수장이 옥중 죄수를 다 요셉의 손에 맡기므로 그 제반 사무를 요셉이 처리하고

(창 43:16) 요셉은 베냐민이 그들과 함께 있음을 보고 자기의 청지기에게 이르되 이 사람들을 집으로 인도해 들이고 짐승을 잡고 준비하라

(창 15:2) 아브람이 이르되 주 여호와여 무엇을 내게 주시려 하나이까 나는 자식이 없사오니 나의 상속자는 이 다메섹 사람 엘리에셀이니이다

(대상 27:31) 다윗 왕의 재산을 맡은 자들이 이러하였더라

(롬 16:23) 이 성의 재무관 에라스도와 형제 구아도도 너희에게 문안하느니라

(마 20:8) 저물매 포도원 주인이 청지기에게 이르되 품꾼들을 불러 나중 온 자로부터 시작하여 먼저 온 자까지 삯을 주라 하니

(눅 8:3) 헤롯의 청지기 구사의 아내 요안나와 수산나와 다른 여러 여자가 함께 하여 자기들의 소유로 그들을 섬기더라

(행 26:12) 그 일로 대제사장들의 권한과 위임을 받고 다메섹으로 갔나이다

2) 나는 어떤 일을 맡은 청지기입니까?

3) 누가 하나님의 청지기입니까?

(고전 4:1) 사람이 마땅히 우리를 그리스도의 일꾼이요 하나님의 비밀을 맡은 자로 여길지어다

(딛 1:7) 감독은 하나님의 청지기로서 책망할 것이 없고 제 고집대로 하지 아니하며

(벧전 4:10) 각각 은사를 받은 대로 하나님의 여러 가지 은혜를 맡은 선한 청지기 같이 서로 봉사하라

4) 내가 청지기보다 주인 노릇을 하고 있다면 어떻게 시정하겠습니까?

2. 청지기가 맡은 것

1) 청지기가 맡은 영적인 것에는 어떤 것들이 있습니까?

(벧전 4:10) 각각 은사를 받은 대로 하나님의 여러 가지 은혜를 맡은 선한 청지기 같이 서로 봉사하라

(딛 1:7) 감독은 하나님의 청지기로서 책망할 것이 없고

(롬 12:4) 우리가 한 몸에 많은 지체를 가졌으나 모든 지체가 같은 기능을 가진 것이 아니니

(고전 4:1) 사람이 마땅히 우리를 그리스도의 일꾼이요 하나님의 비밀을 맡은 자로 여길지어다

(눅 12:42) 주께서 이르시되 지혜 있고 진실한 청지기가 되어 주인에게 그 집 종들을 맡아 때를 따라 양식을 나누어 줄 자가 누구냐

2) 하나님의 청지기로서 해야 할 일은 무엇입니까?

3) 청지기가 맡은 일반적인 것에는 어떤 것들이 있습니까?

(창 2:15) 여호와 하나님이 그 사람을 이끌어 에덴 동산에 두어 그것을 경작하며 지키게 하시고

(눅 16:9) 내가 너희에게 말하노니 불의의 재물로 친구를 사귀라 그리하면 그 재물이 없어질 때에 그들이 너희를 영주할 처소로 영접하리라

(눅 16:11) 너희가 만일 불의한 재물에도 충성하지 아니하면 누가 참된 것으로

너희에게 맡기겠느냐

(고전 4:7) 누가 너를 남달리 구별하였느냐 네게 있는 것 중에 받지 아니한 것이 무엇이냐 네가 받았은즉 어찌하여 받지 아니한 것 같이 자랑하느냐

(딤후 3:2) 사람들이 자기를 사랑하며 돈을 사랑하며

(딤전 6:18) 선을 행하고 선한 사업을 많이 하고 나누어주기를 좋아하며

(눅 12:16) 또 비유로 그들에게 말하여 이르시되 한 부자가 그 밭에 소출이 풍성하매 (눅 12:17) 심중에 생각하여 이르되 내가 곡식 쌓아 둘 곳이 없으니 어찌할까 하고 (눅 12:18) 또 이르되 내가 이렇게 하리라 내 곳간을 헐고 더 크게 짓고 내 모든 곡식과 물건을 거기 쌓아 두리라 (눅 12:19) 또 내가 내 영혼에게 이르되 영혼아 여러 해 쓸 물건을 많이 쌓아 두었으니 평안히 쉬고 먹고 마시고 즐거워하자 하리라 하되 (눅 12:20) 하나님은 이르시되 어리석은 자여 오늘 밤에 네 영혼을 도로 찾으리니 그러면 네 준비한 것이 누구의 것이 되겠느냐 하셨으니 (눅 12:21) 자기를 위하여 재물을 쌓아 두고 하나님께 대하여 부요하지 못한 자가 이와 같으니라

(눅 12:48) 무릇 많이 받은 자에게는 많이 요구할 것이요 많이 맡은 자에게는 많이 달라 할 것이니라

(엡 5:15) 그런즉 너희가 어떻게 행할 지를 자세히 주의하여 지혜 없는 자 같이 말고 오직 지혜 있는 자 같이 하여 (엡 5:16) 세월을 아끼라 때가 악하니라

(골 4:5) 외인에게 대해서는 지혜로 행하여 세월을 아끼라

(전 3:1) 범사가 기한이 있고 천하 만사가 다 때가 있나니

(전 3:2) 날 때가 있고 죽을 때가 있으며 심을 때가 있고 심은 것을 뽑을 때가 있으며

(시 90:12) 우리에게 우리 날 계수함을 가르치사 지혜로운 마음을 얻게 하소서

4) 청지기로서 잘못 관리하고 있는 것은 무엇이며 이를 어떻게 시정하겠습니까?

3. 청지기의 봉사 방법

1) 청지기는 어떻게 봉사해야 합니까?

(벧전 4:11) 만일… 누가 봉사하려면 하나님이 공급하시는 힘으로 하는 것 같이 하라

(고전 2:4) 내 말과 내 전도함이 설득력 있는 지혜의 말로 하지 아니하고 다만 성령의 나타남과 능력으로 하여

(골 1:29) 이를 위하여 나도 내 속에서 능력으로 역사하시는 이의 역사를 따라 힘을 다하여 수고하노라

(딤전 1:12) 나를 능하게 하신 그리스도 예수 우리 주께 내가 감사함은 나를 충성되이 여겨 내게 직분을 맡기심이니

2) 나는 자신의 능력이나 세상 지식으로 봉사하고 있지 않습니까?
나는 이제 무엇에 의지하겠으며 이것을 얻기 위해 어떻게 하겠습니까?

3) 요셉의 청지기는 어떻게 섬겼습니까?

(창 43:17) 청지기가 요셉의 명대로 하여 그 사람들을 요셉의 집으로 인도하니

(창 44:2) 또 내 잔 곧 은잔을 그 청년의 자루 아귀에 넣고 그 양식 값 돈도 함께 넣으라 하매 그가 요셉의 명령대로 하고

(창 44:6) 청지기가 그들에게 따라 가서 그대로 말하니

(벧전 4:11) 만일 누가 말하려면 하나님의 말씀을 하는 것 같이 하고

4) 주님의 말씀대로 하기보다는 내 생각대로 한 적은 없습니까?
나는 청지기로서 주님의 어떤 말씀을 실천하겠습니까?

4. 청지기의 태도(자세)

1) 청지기는 충성되어야 합니다.

충성이란 무엇이고 어떻게 충성해야 하며 충성된 사람은 누구였습니까?

(고전 4:2) 그리고 맡은 자들에게 구할 것은 충성이니라

(눅 12:42) 주께서 이르시되 지혜 있고 진실한 청지기가 되어

(갈 5:22) 오직 성령의 열매는 사랑과 희락과 화평과 오래 참음과 자비와 양선과 충성과 (갈 5:23) 온유와 절제니 이같은 것을 금지할 법이 없느니라

(딤전 3:11) 여자들도 이와 같이 정숙하고 모함하지 아니하며 절제하며 모든 일에 충성된 자라야 할지니라

(딤후 2:2) 또 네가 많은 증인 앞에서 내게 들은 바를 충성된 사람들에게 부탁하라 그들이 또 다른 사람들을 가르칠 수 있으리라

(계 2:10) 너는 장차 받을 고난을 두려워하지 말라… 네가 죽도록 충성하라 그리하면 내가 생명의 관을 네게 주리라

(눅 16:10) 지극히 작은 것에 충성된 자는 큰 것에도 충성되고 지극히 작은 것에 불의한 자는 큰 것에도 불의하니라

(마 25:23) 그 주인이 이르되 잘 하였도다 착하고 충성된 종아 네가 적은 일에 충성하였으매 내가 많은 것을 네게 맡기리니

(민 12:7) 내 종 모세와는 그렇지 아니하니 그는 내 온 집에 충성함이라

(단 6:4) 이에 총리들과 고관들이 국사에 대하여 다니엘을 고발할 근거를 찾고자 하였으나 아무 근거, 아무 허물도 찾지 못하였으니 이는 그가 충성되어 아무 그릇됨도 없고 아무 허물도 없음이었더라

(계 1:5) 또 충성된 증인으로 죽은 자들 가운데에서 먼저 나시고

(잠 20:6) 충성된 자를 누가 만날 수 있으랴

2) 청지기는 어떻게 지혜롭게 봉사해야 합니까?

(눅 12:42) 주께서 이르시되 지혜 있고 진실한 청지기가 되어 주인에게 그 집 종들을 맡아 때를 따라 양식을 나누어 줄 자가 누구냐

(눅 16:8) 주인이 이 옳지 않은 청지기가 일을 지혜 있게 하였으므로 칭찬하였으니 이 세대의 아들들이 자기 시대에 있어서는 빛의 아들들보다 더 지혜로움이니라

(창 41:39) 요셉에게 이르되 하나님이 이 모든 것을 네게 보이셨으니 너와 같이 명철하고 지혜 있는 자가 없도다

(눅 12:20) 하나님은 이르시되 어리석은 자여 오늘 밤에 네 영혼을 도로 찾으리니 그러면 네 준비한 것이 누구의 것이 되겠느냐 하셨으니

3) 청지기는 어떠해야 합니까?

(벧전 4:10) 각각 은사를 받은 대로 하나님의 여러 가지 은혜를 맡은 선한 청지기 같이 서로 봉사하라

(눅 12:45) 만일 그 종이 마음에 생각하기를 주인이 더디 오리라 하여 남녀 종들을 때리며 먹고 마시고 취하게 되면

4) 나는 청지기로서 어떤 일을, 어떻게 봉사하겠습니까?

5. 청지기의 봉사 목적과 결과

1) 청지기의 봉사 목적은 무엇입니까?

(벧전 4:11) 범사에 예수 그리스도로 말미암아 하나님이 영광을 받으시게 하려 함이니

(고전 10:31) 너희가 먹든지 마시든지 무엇을 하든지 다 하나님의 영광을 위하여 하라

2) 내가 하는 일들 가운데 자신의 영광을 구하고 있는 것은 무엇입니까?

이제 나는 그 일을 어떻게 처리하겠습니까?

3) 봉사한 결과로서 청지기는 어떤 복을 받습니까?

(눅 12:42) 주께서 이르시되 지혜 있고 진실한 청지기가 되어 주인에게 그 집 종들을 맡아 때를 따라 양식을 나누어 줄 자가 누구냐 (눅 12:43) 주인이 이를 때에 그 종이 그렇게 하는 것을 보면 그 종은 복이 있으리로다 (눅 12:44) 내가 참으로 너희에게 이르노니 주인이 그 모든 소유를 그에게 맡기리라

(마 25:21) 그 주인이 이르되 잘 하였도다 착하고 충성된 종아 네가 적은 일에 충성하였으매 내가 많은 것을 네게 맡기리니 네 주인의 즐거움에 참여할지어다 하고

(눅 19:17) 주인이 이르되 잘하였다 착한 종이여 네가 지극히 작은 것에 충성하였으니 열 고을 권세를 차지하라 하고

4) 충성하지는 않으면서 맡겨진 일에 불평하고 있지는 않습니까?
요셉과 같이 가는 곳마다 복 받도록 하기 위해 어떻게 하겠습니까?

(창 39:5) 그가 요셉에게 자기의 집과 그의 모든 소유물을 주관하게 한 때부터 여호와께서 요셉을 위하여 그 애굽 사람의 집에 복을 내리시므로 여호와의 복이 그의 집과 밭에 있는 모든 소유에 미친지라

이 과를 마치면서

1. 주인이 아니라 청지기로서 살아가도록 기도하십시오.

소감 및 깨달은 말씀

3. 선행

"이같이 너희 빛이 사람 앞에 비치게 하여 그들로 너희 착한 행실을 보고
하늘에 계신 너희 아버지께 영광을 돌리게 하라"(마 5:16)

3

기독교는 '선행'으로 구원받지 못하며 '믿음'으로 구원받는다는 사실을 강조합니다.

따라서 선행을 소홀히 여기는 것과 같은 느낌을 받을 수도 있습니다.

우리는 구원 받은 은총에 감사해서, 이러한 구원의 결과로서 선행을 합니다.

(마 7:17) 좋은 나무마다 아름다운 열매를 맺고 못된 나무가 나쁜 열매를 맺나니

선한 사람이 되어야 선한 열매를 맺을 수 있습니다.

선한 인격에서 선한 행동이 나옵니다.

선한 사람에게서는 저절로 선한 행동이 나오는 것입니다.

그러므로 구원받은 사람이라면 선한 열매를 맺는 것이 당연합니다.

믿음과 행위는 나눌 수 없습니다.

믿음이 있다면 믿음의 결과로 행위는 자연히 따라옵니다.

성경은 선행을 선한 일, 착한 일, 좋은 일, 선한 행실로도 말하고 있습니다.

1. 선행이란 무엇입니까?

1) 성경은 무엇을 선하다고 말하고 있습니까?

(막 10:18) 하나님 한 분 외에는 선한 이가 없느니라

(요 10:11) 나는 선한 목자라 선한 목자는 양들을 위하여 목숨을 버리거니와

(히 6:5) 하나님의 선한 말씀과 내세의 능력을 맛보고도

2) 성경은 어떤 것을 선한 행위라고 말하고 있습니까?

(대하 35:26) 요시야의 남은 사적과 여호와의 율법에 기록된 대로 행한 모든 선한 일과

(느 2:18) 그들의 말이 일어나 건축하자 하고 모두 힘을 내어 이 선한 일을 하려 하매

(막 14:6) 너희가 어찌하여 그를 괴롭게 하느냐 그가 내게 좋은 일을 하였느니라

(행 4:9) 만일 병자에게 행한 착한 일에 대하여 이 사람이 어떻게 구원을 받았느냐고 오늘 우리에게 질문한다면

(마 12:12) 사람이 양보다 얼마나 더 귀하냐 그러므로 안식일에 선을 행하는 것이 옳으니라 하시고

(엡 4:28) 도둑질하는 자는 다시 도둑질 하지 말고 돌이켜 가난한 자에게 구제할 수 있도록 자기 손으로 수고하여 선한 일을 하라

(고후 8:21) 우리가 주 앞에서뿐 아니라 사람 앞에서도 선한 일에 조심하려 함이라

(몬 1:14) 너의 선한 일이 억지 같이 되지 아니하고 자의로 되게 하려 함이라

3) 선행은 결국 누구에게 하는 일입니까?

나의 선행은 그리스도 중심이었습니까? 아니면, 내 중심이었습니까?

4) 선행은 하나님이 그리스도 안에서 하신 어떤 일입니까?

나는 어떤 것을 위한 선행이 되게 하겠습니까?

2. 선행자는 누구입니까?

1) 하나님이 하시는 선한 일들은 어떤 일들입니까?

(시 119:68) 주는 선하사 선을 행하시오니 주의 율례들로 나를 가르치소서

(빌 1:6) 너희 안에서 착한 일을 시작하신 이가 그리스도 예수의 날까지 이루실 줄을 우리는 확신하노라

(렘 29:32) 내가 내 백성에게 행하려 하는 복된 일을 그가 보지 못하리라 하셨느니라

(행 14:17) 여러분에게 하늘로부터 비를 내리시며 결실기를 주시는 선한 일을 하사 음식과 기쁨으로 여러분의 마음에 만족하게 하셨느니라

2) 예수님이 하신 선한 일들은 어떤 일들입니까?

(행 10:38) 하나님이 나사렛 예수에게 성령과 능력을 기름 붓듯 하셨으매 그가 두루 다니시며 선한 일을 행하시고

(요 10:32) 내가 아버지로 말미암아 여러 가지 선한 일로 너희에게 보였거늘

(눅 4:18) 가난한 자에게 복음을 전하게 하시려고 내게 기름을 부으시고 나를 보내사 포로된 자에게 자유를, 눈먼 자에게 다시 보게 함을 전파하며 눌린 자를 자유롭게 하고

(눅 7:22) 요한에게 알리되 맹인이 보며 못 걷는 사람이 걸으며 나병환자가 깨끗함을 받으며 귀먹은 사람이 들으며 죽은 자가 살아나며 가난한 자에게 복음이 전파된다 하라

(마 15:30) 큰 무리가 다리 저는 사람과 장애인과 맹인과 말 못하는 사람과 기타 여럿을 데리고 와서 예수의 발 앞에 앉히매 고쳐 주시니

(요 6:13) 이에 거두니 보리떡 다섯 개로 먹고 남은 조각이 열두 바구니에 찼더라

(요 4:14) 내가 주는 물을 마시는 자는 영원히 목마르지 아니하리니 내가 주는 물은 그 속에서 영생하도록 솟아나는 샘물이 되리라

(마 8:16) 예수께서 말씀으로 귀신들을 쫓아 내시고 병든 자들을 다 고치시니

(요 8:11) 나도 너를 정죄하지 아니하노니 가서 다시는 죄를 범하지 말라 하시니라

(마 9:10) 예수께서 마태의 집에서 앉아 음식을 잡수실 때에 많은 세리와 죄인들이 와서 예수와 그의 제자들과 함께 앉았더니

(마 19:14) 예수께서 이르시되 어린 아이들을 용납하고 내게 오는 것을 금하지 말라 천국이 이런 사람의 것이니라 하시고

(눅 7:14) 예수께서 이르시되 청년아 내가 네게 말하노니 일어나라 하시매

(마 9:35) 예수께서 모든 도시와 마을에 두루 다니사 그들의 회당에서 가르치시며 천국 복음을 전파하시며 모든 병과 모든 약한 것을 고치시니라

3) 어떤 사람들이 선한 일을 행해야 합니까?

(딤전 3:1) 사람이 감독의 직분을 얻으려함은 선한 일을 사모하는 것이라 함이로다

(딤전 6:18) 선을 행하고 선한 사업을 많이 하고 나누어주기를 좋아하며

(딛 2:7) 범사에 네 자신이 선한 일의 본을 보이며

(딤전 5:10) 선한 행실의 증거가 있어 혹은 자녀를 양육하며 혹은 나그네를 대접하며 혹은 성도들의 발을 씻으며 혹은 환난 당한 자들을 구제하며 혹은 모든 선한 일을 행한 자라야 할 것이요

(행 9:36) 그 이름을 번역하면 도르가라 선행과 구제하는 일이 심히 많더니

4) 나는 예수님을 본받아 어떤 선행을 하겠습니까?

3. 선행의 대상과 준비

1) 우리는 누구에게 선행을 베풀어야 합니까?

(갈 6:10) 그러므로 우리는 기회 있는 대로 모든 이에게 착한 일을 하되 더욱 믿음의 가정들에게 할지니라

(롬 12:17) 아무에게도 악을 악으로 갚지 말고 모든 사람 앞에서 선한 일을 도모하라

(눅 6:27) 너희 원수를 사랑하며 너희를 미워하는 자를 선대하며

2) 선행의 사람이 되려면 어떻게 해야 합니까?

(사 1:17) 선행을 배우며 정의를 구하며 학대 받는 자를 도와 주며

(딛 3:14) 또 우리 사람들도 열매 없는 자가 되지 않게 하기 위하여 필요한 것을 준비하는 좋은 일에 힘 쓰기를 배우게 하라

(히 10:24) 서로 돌아보아 사랑과 선행을 격려하며

(딤후 3:17) 모든 선한 일을 행할 능력을 갖추게 하려 함이라

(딤후 2:21) 그러므로 누구든지 이런 것에서 자기를 깨끗하게 하면 귀히 쓰는 그릇이 되어 거룩하고 주인의 쓰심에 합당하며 모든 선한 일에 준비함이 되리라

(딛 3:1) 너는 그들로 하여금 통치자들과 권세 잡은 자들에게 복종하며 순종하며 모든 선한 일 행하기를 준비하게 하며

3) 나는 지금까지 주로 누구에게 선행을 베풀었습니까?
나는 이제 누구에게 선행을 베풀겠습니까?

(눅 14:13) 잔치를 베풀거든 차라리 가난한 자들과 몸 불편한 자들과 저는 자들과 맹인들을 청하라 (눅 14:14) 그리하면 그들이 갚을 것이 없으므로 네게 복이 되리니

4) 나는 선행을 하기 위해 어떻게 준비하였습니까?
나는 선행을 하기 위해 무엇을 예비하겠습니까?

4. 선행의 이유

1) 하나님이 우리를 새로 지으시고 구속하신 목적은 무엇입니까?

(엡 2:10) 우리는 그가 만드신 바라 그리스도 예수 안에서 선한 일을 위하여 지으심을 받은 자니 이 일은 하나님이 전에 예비하사 우리로 그 가운데서 행하게

하려 하심이니라

(딛 2:14) 그가 우리를 대신하여 자신을 주심은 모든 불법에서 우리를 속량하시고 우리를 깨끗하게 하사 선한 일을 열심히 하는 자기 백성이 되게 하려 하심이라

2) 선행을 해야 하는 이유는 무엇입니까?

(히 13:16) 오직 선을 행함과 서로 나누어 주기를 잊지 말라 하나님은 이같은 제사를 기뻐하시느니라

(딤전 2:10) 오직 선행으로 하기를 원하노라 이것이 하나님을 경외한다 하는 자들에게 마땅한 것이니라

(딛 3:8) 이는 하나님을 믿는 자들로 하여금 조심하여 선한 일을 힘쓰게 하려 함이라 이것은 아름다우며 사람들에게 유익하니라

(벧전 2:15) 곧 선행으로 어리석은 사람들의 무식한 말을 막으시는 것이라

(골 1:10) 주께 합당하게 행하여 범사에 기쁘시게 하고 모든 선한 일에 열매를 맺게 하시며 하나님을 아는 것에 자라게 하시고

(살후 2:17) 너희 마음을 위로하시고 모든 선한 일과 말에 굳건하게 하시기를 원하노라

(약 2:17) 이와 같이 행함이 없는 믿음은 그 자체가 죽은 것이라

(약 2:22) 믿음이 그의 행함과 함께 일하고 행함으로 믿음이 온전하게 되었느니라

(약 4:17) 그러므로 사람이 선을 행할 줄 알고도 행하지 아니하면 죄니라

3) 나는 하나님이 새로 지으신 목적대로 선행을 행하며 살고 있습니까?

나의 믿음은 행함이 있는 믿음입니까? 아니면, 행함이 없는 믿음입니까?

4) 선행의 열매를 많이 맺도록 어떻게 하겠습니까?

5. 선행의 방법과 결과

1) 우리는 선행을 어떻게 해야 합니까?

(고전 16:14) 너희 모든 일을 사랑으로 행하라

(전 3:12) 사람들이 사는 동안에 기뻐하며 선을 행하는 것보다 더 나은 것이 없는 줄을 내가 알았고

(벧전 3:13) 또 너희가 열심으로 선을 행하면 누가 너희를 해하리요

(롬 16:19) 너희가 선한 데 지혜롭고 악한 데 미련하기를 원하노라

(몬 1:14) 이는 너의 선한 일이 억지 같이 되지 아니하고 자의로 되게 하려 함이라

(딛 3:8) 하나님을 믿는 자들로 하여금 조심하여 선한 일을 힘쓰게 하려 함이라

(고후 9:8) 너희로 모든 일에 항상 모든 것이 넉넉하여 모든 착한 일을 넘치게 하게 하려 하심이라

(행 9:36) 그 이름을 번역하면 도르가라 선행과 구제하는 일이 심히 많더니

(벧전 2:20) 그러나 선을 행함으로 고난을 받고 참으면 이는 하나님 앞에 아름다우니라

(갈 6:9) 우리가 선을 행하되 낙심하지 말지니 포기하지 아니하면 때가 이르매 거두리라

(마 6:3) 너는 구제할 때에 오른손이 하는 것을 왼손이 모르게 하여

2) 나는 선행을 할 때 어떻게 했다고 생각합니까?

3) 선행에는 어떠한 결과가 주어집니까?

(고후 5:10) 이는 우리가 다 반드시 그리스도의 심판대 앞에 나타나게 되어 각각 선악간에 그 몸으로 행한 것을 따라 받으려 함이라

(딤전 5:25) 이와 같이 선행도 밝히 드러나고 그렇지 아니한 것도 숨길 수 없느

니라

(잠 19:17) 가난한 자를 불쌍히 여기는 것은 여호와께 꾸어 드리는 것이니 그의 선행을 그에게 갚아 주시리라

(요 5:29) 선한 일을 행한 자는 생명의 부활로, 악한 일을 행한 자는 심판의 부활로 나오리라

(벧전 2:14) 선행하는 자를 포상하기 위하여 그의 보낸 총독에게 하라

(롬 13:3) 다스리는 자들은 선한 일에 대하여 두려움이 되지 않고 악한 일에 대하여 되나니 네가 권세를 두려워하지 아니하려느냐 선을 행하라 그리하면 그에게 칭찬을 받으리라

(벧전 2:12) 너희가 이방인 중에서 행실을 선하게 가져 너희를 악행한다고 비방하는 자들로 하여금 너희 선한 일을 보고 오시는 날에 하나님께 영광을 돌리게 하려 함이라

(마 5:16) 이같이 너희 빛이 사람 앞에 비치게 하여 그들로 너희 착한 행실을 보고 하늘에 계신 너희 아버지께 영광을 돌리게 하라

4) 나는 하나님께 상급 받을 만한 어떤 일들을 하였습니까?
이제부터 하나님께 영광을 돌리기 위해 어떻게 살겠습니까?

이 과를 마치면서

1. 예수님이 하신 일을 깊이 묵상하며 본받도록 기도하십시오.

(고후 8:9) 우리 주 예수 그리스도의 은혜를 너희가 알거니와 부요하신 이로서 너희를 위하여 가난하게 되심은 그의 가난함으로 말미암아 너희를 부요하게 하려 하심이라

소감 및 깨달은 말씀

4. 나눔

"주라 그리하면 너희에게 줄 것이니 곧 후히 되어 누르고
흔들어 넘치도록 하여 너희에게 안겨 주리라 너희의 헤아리는 그 헤아림으로
너희도 헤아림을 도로 받을 것이니라" (눅 6:38)

4

그리스도인으로서 성숙한 신앙의 삶이란 이기적이지 않으며 이타적으로 나누어 주는 삶을 말합니다.

다시 말해서 자기중심적이 아니라 다른 사람 중심적입니다.

아직도 이기적인 삶을 산다면 미숙한 신앙이라고 할 수 있습니다.

그리스도인은 남을 이롭게 하고 유익하게 하는 삶을 살아야 합니다.

이런 삶이야말로 빛과 소금의 역할을 감당하며 사는 것입니다.

인간은 본래 자기중심적이며 이기주의적이고 욕심이 많습니다.

그래서 나누어 줄 줄을 알지 못하고 움켜쥐려고만 합니다.

인간은 본래 인색하며 나누어 주기보다는 더 가지려고 하는 본성을 가지고 있습니다.

그러나 가진 것을 나누어 줄 때 참 행복과 기쁨을 느낍니다.

성도들은 주님의 사랑에 감사하므로 받은 것을 나누어 주는 삶을 살아 갑니다.

1. 나눔의 이유

1) 삼위 하나님은 어떤 분이십니까?

(롬 8:32) 자기 아들을 아끼지 아니하시고 우리 모든 사람을 위하여 내주신 이가 어찌 그 아들과 함께 모든 것을 우리에게 주지 아니하겠느냐

(마 20:28) 인자가 온 것은 섬김을 받으려 함이 아니라 도리어 섬기려 하고 자기 목숨을 많은 사람의 대속물로 주려 함이니라

(고전 12:11) 이 모든 일은 같은 한 성령이 행하사 그의 뜻대로 각 사람에게 나누어 주시는 것이니라

(고전 4:7) 네게 있는 것 중에 받지 아니한 것이 무엇이냐 네가 받았은즉 어찌하여 받지 아니한 것 같이 자랑하느냐

2) 우리는 하나님의 사랑을 받은 자로서 마땅히 어떻게 해야 합니까?

(요일 3:16) 그가 우리를 위하여 목숨을 버리셨으니 우리가 이로써 사랑을 알고 우리도 형제들을 위하여 목숨을 버리는 것이 마땅하니라

3) 나누어 주어야 할 이유가 무엇입니까?

(눅 6:38) 주라 그리하면 너희에게 줄 것이니

(요일 3:17) 누가 이 세상의 재물을 가지고 형제의 궁핍함을 보고도 도와 줄 마음을 닫으면 하나님의 사랑이 어찌 그 속에 거하겠느냐

(히 13:16) 서로 나누어 주기를 잊지 말라 하나님은 이같은 제사를 기뻐하시느니라

(빌 4:18) 이는 받으실 만한 향기로운 제물이요 하나님을 기쁘시게 한 것이라

(행 20:35) 주는 것이 받는 것보다 복이 있다 하심을 기억하여야 할지니라

(마 6:20) 오직 너희를 위하여 보물을 하늘에 쌓아 두라

(롬 13:8) 피차 사랑의 빚 외에는 아무에게든지 아무 빚도 지지 말라

(고후 8:14) 이제 너희의 넉넉한 것으로 그들의 부족한 것을 보충함은 후에 그들의 넉넉한 것으로 너희의 부족한 것을 보충하여 균등하게 하려 함이라

(고후 9:6) 곧 적게 심는 자는 적게 거두고 많이 심는 자는 많이 거둔다 하는 말
이로다

(고후 9:12) 이 봉사의 직무가 성도들의 부족한 것만 보충할 뿐 아니라 사람들이
하나님께 드리는 많은 감사로 말미암아 넘쳤느니라

(전 11:2) 일곱에게나 여덟에게 나눠 줄지어다 무슨 재앙이 땅에 임할는지 네가
알지 못함이니라

4) 나는 하나님과 사람들로부터 많은 사랑을 빚진 자입니다.
이 사랑을 어떻게 갚겠습니까?

2. 나눔의 대상

1) 우선적으로 나누어야 할 사람을 말해 보십시오.

(딤전 5:8) 누구든지 자기 친족 특히 자기 가족을 돌보지 아니하면 믿음을 배반
한 자요 불신자보다 더 악한 자니라

(요일 3:16) 그가 우리를 위하여 목숨을 버리셨으니 우리가 이로써 사랑을 알고
우리도 형제들을 위하여 목숨을 버리는 것이 마땅하니라

(갈 6:10) 모든 이에게 착한 일을 하되 더욱 믿음의 가정들에게 할지니라

(롬 13:8) 남을 사랑하는 자는 율법을 다 이루었느니라

(롬 12:20) 네 원수가 주리거든 먹이고 목마르거든 마시게 하라

2) 나누어야 할 사람은 어떤 사람들입니까?

(약 1:27) 하나님 아버지 앞에서 정결하고 더러움이 없는 경건은 곧 고아와 과부
를 그 환난 중에 돌아보고

(딤전 5:10) 나그네를 대접하며 혹은 성도들의 발을 씻으며 혹은 환난 당한 자들
을 구제하며 혹은 모든 선한 일을 행한 자라야 할 것이요

(신 16:14) 절기를 지킬 때에는 너와 네 자녀와 노비와 네 성중에 거주하는 레위

인과 객과 고아와 과부가 함께 즐거워하되

(갈 6:6) 가르침을 받는 자는 말씀을 가르치는 자와 모든 좋은 것을 함께 하라

(빌 4:15) 빌립보 사람들아 너희도 알거니와 복음의 시초에 내가 마게도냐를 떠날 때에 주고 받는 내 일에 참여한 교회가 너희 외에 아무도 없었느니라

(느 8:10) 느헤미야가 또 그들에게 이르기를 너희는 가서 살진 것을 먹고 단 것을 마시되 준비하지 못한 자에게는 나누어 주라

(사 58:7) 또 주린 자에게 네 양식을 나누어 주며 유리하는 빈민을 집에 들이며 헐벗은 자를 보면 입히며 또 네 골육을 피하여 스스로 숨지 아니하는 것이 아니겠느냐

(행 2:45) 또 재산과 소유를 팔아 각 사람의 필요를 따라 나눠 주며

(눅 14:13) 잔치를 베풀거든 차라리 가난한 자들과 몸 불편한 자들과 저는 자들과 맹인들을 청하라

3) 나는 나를 사랑해 주는 사람만 사랑하지 않았습니까?
이제 누구에게 나눔을 실천함으로써 사랑을 베풀겠습니까?

4) 지금까지 관심을 가지고 나누지 못했던 사람들은 어떤 사람들입니까?
나는 그 사람들에게 어떻게 나눔을 실천하겠습니까?

3. 나누어야 할 것

1) 나누어야 할 것 중 영적인 것은 무엇입니까?

(행 3:6) 베드로가 이르되 은과 금은 내게 없거니와 내게 있는 이것을 네게 주노니 나사렛 예수 그리스도의 이름으로 일어나 걸으라 하고

(창 12:3) 땅의 모든 족속이 너로 말미암아 복을 얻을 것이라 하신지라

(마 24:45) 충성되고 지혜 있는 종이 되어 주인에게 그 집 사람들을 맡아 때를

따라 양식을 나눠 줄 자가 누구냐

(사 66:10) 예루살렘을 사랑하는 자들이여 다 그 성읍과 함께 기뻐하라

2) 은과 금은 없지만 나눌 수 있는 영적인 것은 무엇입니까?

3) 나누어야 할 물질적인 것은 무엇입니까?

(욥 22:7) 목마른 자에게 물을 마시게 하지 아니하며 주린 자에게 음식을 주지 아니하였구나

(행 2:45) 또 재산과 소유를 팔아 각 사람의 필요를 따라 나눠 주며

(행 4:34) 이는 밭과 집 있는 자는 팔아 그 판 것의 값을 가져다가

(행 4:35) 사도들의 발 앞에 두매 그들이 각 사람의 필요를 따라 나누어 줌이라

(눅 18:22) 네게 있는 것을 다 팔아 가난한 자들에게 나눠 주라

(롬 12:13) 성도들의 쓸 것을 공급하며 손 대접하기를 힘쓰라

4) 나는 나누어 줄 수 있는 무엇을 가지고 있습니까?
나는 내가 가진 것 중에서 무엇을 누구에게 나누겠습니까?

4. 나눔의 방법과 태도

1) 어떤 방법으로 나누어야 합니까?

(막 10:21) 가서 네게 있는 것을 다 팔아 가난한 자들에게 주라

(민 33:54) 수가 많으면 많은 기업을 주고 적으면 적은 기업을 주되

(행 6:1) 그 때에 제자가 더 많아졌는데 헬라파 유대인들이 자기의 과부들이 매일의 구제에 빠지므로 히브리파 사람을 원망하니

(행 4:35) 사도들의 발 앞에 두매 그들이 각 사람의 필요를 따라 나누어 줌이라

(엡 4:28) 가난한 자에게 구제할 수 있도록 자기 손으로 수고하여 선한 일을 하라

(행 20:35) 범사에 여러분에게 모본을 보여 준 바와 같이 수고하여 약한 사람들

을 돕고

(눅 3:11) 대답하여 이르되 옷 두 벌 있는 자는 옷 없는 자에게 나눠 줄 것이요 먹을 것이 있는 자도 그렇게 할 것이니라 하고

(고전 9:11) 우리가 너희에게 신령한 것을 뿌렸은즉 너희의 육적인 것을 거두기로 과하다 하겠느냐

(막 6:41) 떡을 떼어 제자들에게 주어 사람들에게 나누어 주게 하시고 또 물고기 두 마리도 모든 사람에게 나누시매

(요삼 1:9) 그들 중에 으뜸되기를 좋아하는 디오드레베가 우리를 맞아들이지 아니하니

(요삼 1:11) 사랑하는 자여 악한 것을 본받지 말고 선한 것을 본받으라

(신 24:19) 네가 밭에서 곡식을 벨 때에 그 한 뭇을 밭에 잊어버렸거든 다시 가서 가져오지 말고 나그네와 고아와 과부를 위하여 남겨두라

2) 나는 지금까지 어떤 방법으로 나누었습니까?
나는 이제 어떤 방법으로 나눔을 실천하겠습니까?

3) 나눌 때의 자세와 태도는 어떠해야 합니까?

(딤전 6:18) 선을 행하고 선한 사업을 많이 하고 나누어주기를 좋아하며

(잠 31:20) 그는 곤고한 자에게 손을 펴며 궁핍한 자를 위하여 손을 내밀며

(마 6:4) 네 구제함을 은밀하게 하라 은밀한 중에 보시는 너의 아버지께서 갚으시리라

(골 3:23) 무슨 일을 하든지 마음을 다하여 주께 하듯 하고 사람에게 하듯 하지 말라

(고전 13:3) 내가 내게 있는 모든 것으로 구제하고 또 내 몸을 불사르게 내어 줄지라도 사랑이 없으면 내게 아무 유익이 없느니라

(요일 3:18) 자녀들아 우리가 말과 혀로만 사랑하지 말고 행함과 진실함으로 하자

(마 10:8) 나병환자를 깨끗하게 하며 귀신을 쫓아내되 너희가 거저 받았으니 거

저 주어라

(마 5:42) 네게 구하는 자에게 주며 네게 꾸고자 하는 자에게 거절하지 말라

(눅 6:31) 남에게 대접을 받고자 하는 대로 너희도 남을 대접하라

(벧전 4:9) 서로 대접하기를 원망 없이 하고

(고후 9:7) 인색함으로나 억지로 하지 말지니 하나님은 즐겨 내는 자를 사랑하시느니라

(신 15:10) 줄 때에는 아끼는 마음을 품지 말 것이니라

4) 나의 나눔의 자세와 태도는 어떠했습니까?
나는 이제 어떤 태도로 나눔을 실천하겠습니까?

5. 나눔의 축복
1) 나누어 주는 삶을 살 때 우리에게 어떤 축복이 주어집니까?

(눅 6:38) 주라 그리하면 너희에게 줄 것이니 곧 후히 되어 누르고 흔들어 넘치도록 하여 너희에게 안겨 주리라

(잠 11:24) 흩어 구제하여도 더욱 부하게 되는 일이 있나니 과도히 아껴도 가난하게 될 뿐이니라 (잠 11:25) 구제를 좋아하는 자는 풍족하여질 것이요

(마 10:42) 누구든지 제자의 이름으로 이 작은 자 중 하나에게 냉수 한 그릇이라도 주는 자는 내가 진실로 너희에게 이르노니 그 사람이 결단코 상을 잃지 아니하리라 하시니라

(시 112:5) 은혜를 베풀며 꾸어 주는 자는 잘 되나니 그 일을 정의로 행하리로다

(잠 19:17) 가난한 자를 불쌍히 여기는 것은 여호와께 꾸어 드리는 것이니 그의 선행을 그에게 갚아 주시리라

(눅 18:22) 네게 아직도 한 가지 부족한 것이 있으니 네게 있는 것을 다 팔아 가난한 자들에게 나눠 주라 그리하면 하늘에서 네게 보화가 있으리라

(빌 4:19) 나의 하나님이 그리스도 예수 안에서 영광 가운데 그 풍성한 대로 너

희 모든 쓸 것을 채우시리라

(사 58:8) 그리하면 네 빛이 새벽 같이 비칠 것이며 네 치유가 급속할 것이며 네 공의가 네 앞에 행하고 여호와의 영광이 네 뒤에 호위하리니

(사 58:9) 네가 부를 때에는 나 여호와가 응답하겠고

(마 24:46) 주인이 올 때에 그 종의 이렇게 하는 것을 보면 그 종이 복이 있으리로다

(전 11:1) 너는 네 떡을 물 위에 던져라 여러 날 후에 도로 찾으리라

(시 37:25) 내가 어려서부터 늙기까지 의인이 버림을 당하거나 그의 자손이 걸식함을 보지 못하였도다 (시 37:26) 그는 종일토록 은혜를 베풀고 꾸어 주니 그의 자손이 복을 받는도다

(히 13:2) 손님 대접하기를 잊지 말라 이로써 부지중에 천사들을 대접한 이들이 있었느니라

(행 10:31) 고넬료야 하나님이 네 기도를 들으시고 네 구제를 기억하셨으니

(고후 9:9) 그가 흩어 가난한 자들에게 주었으니 그의 의가 영원토록 있느니라

(고후 9:10) 심는 자에게 씨와 먹을 양식을 주시는 이가 너희 심을 것을 주사 풍성하게 하시고 너희 의의 열매를 더하게 하시리니

2) 나눔에 대한 보상은 누가 해 줍니까?

3) 나는 나눔으로써 어떤 축복을 받았었는지 나누어 보십시오.

4) 나는 하늘의 상급을 바라보며 어떤 나눔을 실천하겠습니까?

이 과를 마치면서

1. '주는 것이 받는 것보다 복되다'고 하신 주님의 말씀을 묵상하십시오.

소감 및 깨달은 말씀

5. 시험

"내 형제들아 너희가 여러 가지 시험을 만나거든 온전히 기쁘게 여기라
이는 너희 믿음의 시련이 인내를 만들어 내는 줄 너희가 앎이라" (약 1:2-3)

5

한글 성경에서 '시험'은 본문에 따라 여러 가지 의미로 쓰이고 있습니다.

어떤 본문에서 시험은 테스트(test), 시련(trial)의 의미를 갖지만 어떤 본문에서는 유혹(temptation)의 의미로 사용되기도 합니다.

(약 1:12) 시험을 참는 자는 복이 있나니

(약 1:13) 사람이 시험을 받을 때에 내가 하나님께 시험을 받는다 하지 말지니 하나님은 악에게 시험을 받지도 아니하시고 친히 아무도 시험하지 아니하시느니라

영어 성경은 12절의 시험을 시련이라고 말하고 있으며 13절의 시험은 유혹이라고 말하고 있습니다.

그러므로 시험이라는 단어가 문맥에 따라 시련의 의미인지, 유혹의 의미인지를 파악해야 합니다.

시련이 외적으로 주어지는 것이라면 유혹은 내적으로 주어지는 것이라고 할 수 있습니다.

1. 시험의 종류와 유혹자

1) 시험에는 어떤 종류가 있습니까?

(창 22:1) 그 일 후에 하나님이 아브라함을 시험하시려고 그를 부르시되 아브라함아 하시니 그가 이르되 내가 여기 있나이다

(요 6:6) 이렇게 말씀하심은 친히 어떻게 하실 지를 아시고 빌립을 시험하고자 하심이라

(마 6:13) 우리를 시험에 들게 하지 마시옵고 다만 악에서 구하시옵소서

(눅 8:13) 바위 위에 있다는 것은 말씀을 들을 때에 기쁨으로 받으나 뿌리가 없어 잠깐 믿다가 시련을 당할 때에 배반하는 자요

(고전 10:9) 그들 가운데 어떤 사람들이 주를 시험하다가 뱀에게 멸망하였나니 우리는 그들과 같이 시험하지 말자

(출 17:2) 백성이 모세와 다투어 이르되 우리에게 물을 주어 마시게 하라 모세가 그들에게 이르되 너희가 어찌하여 나와 다투느냐 너희가 어찌하여 여호와를 시험하느냐

2) 시험은 한편으로는 시련이지만 다른 한편으로는 유혹일 수도 있습니다.

시험의 양면성은 무엇입니까?

(신 8:2) 네 하나님 여호와께서 이 사십 년 동안에 네게 광야 길을 걷게 하신 것을 기억하라 이는 너를 낮추시며 너를 시험하사 네 마음이 어떠한지 그 명령을 지키는지 지키지 않는지 알려 하심이라

(히 12:6) 주께서 그 사랑하시는 자를 징계하시고 그가 받아들이시는 아들마다 채찍질하심이라 하였으니

(약 1:3) 이는 너희 믿음의 시련이 인내를 만들어 내는 줄 너희가 앎이라

(욥 23:10) 그가 나를 단련하신 후에는 내가 순금 같이 되어 나오리라

3) 우리를 유혹하는 자는 누구이며 어떤 자입니까?

(약 1:13) 사람이 시험을 받을 때에 내가 하나님께 시험을 받는다 하지 말지니 하나님은 악에게 시험을 받지도 아니하시고 친히 아무도 시험하지 아니하시느니라

(욥 1:12) 여호와께서 사탄에게 이르시되 내가 그의 소유물을 다 네 손에 맡기노라 다만 그의 몸에는 네 손을 대지 말지니라 사탄이 곧 여호와 앞에서 물러가니라

(마 4:3) 시험하는 자가 예수께 나아와서 이르되 네가 만일 하나님의 아들이어든 명하여 이 돌들로 떡덩이가 되게 하라

(요 8:44) 너희는 너희 아비 마귀에게서 났으니 너희 아비의 욕심을 너희도 행하고자 하느니라 그는 처음부터 살인한 자요 진리가 그 속에 없으므로 진리에 서지 못하고 거짓을 말할 때마다 제 것으로 말하나니 이는 그가 거짓말쟁이요 거짓의 아비가 되었음이라

(계 12:9) 큰 용이 내쫓기니 옛 뱀 곧 마귀라고도 하고 사탄이라고도 하며 온 천하를 꾀는 자라

(계 20:10) 또 그들을 미혹하는 마귀가 불과 유황 못에 던져지니

4) 나는 하나님을 시험한 적은 없습니까?

어떤 시험이든 승리하기만 하면 정금 같은 신앙의 사람이 됩니다.

나는 나에게 주어지는 시련을 어떤 기회로 만들겠습니까?

2. 시험 받는 이유

1) 시험을 받는 이유는 무엇이라고 생각합니까?

(눅 22:46) 이르시되 어찌하여 자느냐 시험에 들지 않게 일어나 기도하라 하시니라

(딤전 6:9) 부하려 하는 자들은 시험과 올무와 여러 가지 어리석고 해로운 욕심에 떨어지나니 곧 사람으로 파멸과 멸망에 빠지게 하는 것이라

(약 1:14) 오직 각 사람이 시험을 받는 것은 자기 욕심에 끌려 미혹됨이니

2) 사탄이 우리를 유혹하는 세 가지 내용은 무엇입니까?

그 세 가지에 대한 구체적인 실례를 말해 보십시오.

(창 3:6) 여자가 그 나무를 본즉 먹음직도 하고 보암직도 하고 지혜롭게 할만큼 탐스럽기도 한 나무인지라

(요일 2:16) 이는 세상에 있는 모든 것이 육신의 정욕과 안목의 정욕과 이생의 자랑이니 다 아버지께로부터 온 것이 아니요 세상으로부터 온 것이라

①

②

③

3) 시험을 받을 때 우리는 어떻게 해야 합니까?

(갈 6:1) 형제들아 사람이 만일 무슨 범죄한 일이 드러나거든 신령한 너희는 온유한 심령으로 그러한 자를 바로잡고 너 자신을 살펴보아 너도 시험을 받을까 두려워하라

(약 1:16) 내 사랑하는 형제들아 속지 말라

4) 내가 시험에 잘 드는 이유는 무엇입니까?

나는 그 시험에 들지 않기 위해 어떻게 하겠습니까?

3. 시험의 대상과 방법

1) 시험을 당하는 것과 시험에 드는 것은 어떤 관계가 있습니까?

(마 6:13) 우리를 시험에 들게 하지 마시옵고 다만 악에서 구하시옵소서

2) 사탄이 우선적으로 공격하는 대상은 어떤 이들입니까?

(신 25:17) 너희는 애굽에서 나오는 길에 아말렉이 네게 행한 일을 기억하라

(신 25:18) 곧 그들이 너를 길에서 만나 네가 피곤할 때에 네 뒤에 떨어진 약한 자들을 쳤고 하나님을 두려워하지 아니하였느니라

(마 4:1) 그 때에 예수께서 성령에게 이끌리어 마귀에게 시험을 받으러 광야로 가사

(마 26:15) 내가 예수를 너희에게 넘겨 주리니 얼마나 주려느냐 하니 그들이 은 삼십을 달아 주거늘

(삿 16:4) 이 후에 삼손이 소렉 골짜기의 들릴라라 이름하는 여인을 사랑하매

(요삼 1:9) 그들 중에 으뜸되기를 좋아하는 디오드레베가 우리를 맞아들이지 아니하니

3) 사탄이 시험하는 방법에는 어떤 것이 있습니까?

(벧전 5:8) 근신하라 깨어라 너희 대적 마귀가 우는 사자 같이 두루 다니며 삼킬 자를 찾나니

(눅 8:13) 바위 위에 있다는 것은 말씀을 들을 때에 기쁨으로 받으나 뿌리가 없어 잠깐 믿다가 시련을 당할 때에 배반하는 자요

(고후 11:14) 이것은 이상한 일이 아니니라 사탄도 자기를 광명의 천사로 가장하나니

(벧후 2:18) 음란으로써 육체의 정욕 중에서 유혹하는도다

4) 시험에 지면 마귀만 좋게 하는 것이므로 절대 져서는 안 됩니다. 나의 약점은 무엇이며 이를 통해 시험에 들지 않도록 어떻게 방비하겠습니까?

4. 시험의 태도와 목적

1) 시험을 당할 때 우리의 태도는 어떠해야 합니까?

(약 1:2) 내 형제들아 너희가 여러 가지 시험을 만나거든 온전히 기쁘게 여기라

(벧전 1:6) 그러므로 너희가 이제 여러 가지 시험으로 말미암아 잠깐 근심하게 되지 않을 수 없으나 오히려 크게 기뻐하는도다

(롬 5:3) 다만 이뿐 아니라 우리가 환난 중에도 즐거워하나니

(약 1:4) 인내를 온전히 이루라

(행 20:19) 곧 모든 겸손과 눈물이며 유대인의 간계로 말미암아 당한 시험을 참고 주를 섬긴 것과

(고전 10:13) 사람이 감당할 시험 밖에는 너희가 당한 것이 없나니 오직 하나님은 미쁘사 너희가 감당하지 못할 시험 당함을 허락하지 아니하시고 시험 당할 즈음에 또한 피할 길을 내사 너희로 능히 감당하게 하시느니라

(히 2:18) 그가 시험을 받아 고난을 당하셨은즉 시험 받는 자들을 능히 도우실 수 있느니라

(눅 4:13) 마귀가 모든 시험을 다 한 후에 얼마 동안 떠나니라

2) 나는 시험을 당할 때 어떤 태도를 보였습니까?

혹시 불평하며 원망하지는 않았습니까?

이제 어떤 태도를 취하겠습니까?

3) 시험은 우리에게 어떤 목적과 유익을 가져다줍니까?

(약 1:3) 이는 너희 믿음의 시련이 인내를 만들어 내는 줄 너희가 앎이라

(약 1:4) 인내를 온전히 이루라 이는 너희로 온전하고 구비하여 조금도 부족함이 없게 하려 함이라

(욥 23:10) 그러나 내가 가는 길을 그가 아시나니 그가 나를 단련하신 후에는 내가 순금 같이 되어 나오리라

(벧전 1:7) 너희 믿음의 확실함은 불로 연단하여도 없어질 금보다 더 귀하여 예수 그리스도께서 나타나실 때에 칭찬과 영광과 존귀를 얻게 할 것이니라

4) 시련을 당할 때 나는 어떻게 하였습니까?
나는 하나님이 원하는 사람으로 변화되기 위해 어떻게 하겠습니까?

5. 시험의 승리와 결과

1) 영적 싸움에서 승리하는 비결은 무엇입니까?
(약 4:7) 너희는 하나님께 복종할지어다 마귀를 대적하라 그리하면 너희를 피하리라

(엡 6:13) 그러므로 하나님의 전신 갑주를 취하라 이는 악한 날에 너희가 능히 대적하고 모든 일을 행한 후에 서기 위함이라

2) 마귀에게 승리하도록 어떻게 싸워야 합니까?
(마 4:4) 예수께서 대답하여 이르시되 기록되었으되 사람이 떡으로만 살 것이 아니요 하나님의 입으로부터 나오는 모든 말씀으로 살 것이라 하였느니라 하시니

(엡 6:17) 성령의 검 곧 하나님의 말씀을 가지라

(마 26:41) 시험에 들지 않게 깨어 기도하라 마음에는 원이로되 육신이 약하도다 하시고

(마 4:1) 그 때에 예수께서 성령에게 이끌리어 마귀에게 시험을 받으러 광야로 가사

3) 시험에서 승리한 결과로 어떤 복이 주어집니까?
또한 시험에서 실패한 결과는 무엇입니까?
(약 1:12) 시험을 참는 자는 복이 있나니 이는 시련을 견디어 낸 자가 주께서 자기를 사랑하는 자들에게 약속하신 생명의 면류관을 얻을 것이기 때문이라

(벧전 1:7) 너희 믿음의 확실함은 불로 연단하여도 없어질 금보다 더 귀하여 예수 그리스도께서 나타나실 때에 칭찬과 영광과 존귀를 얻게 할 것이니라

(롬 8:18) 생각하건대 현재의 고난은 장차 우리에게 나타날 영광과 비교할 수 없느니라

(눅 22:28) 너희는 나의 모든 시험 중에 항상 나와 함께 한 자들인즉

(눅 22:29) 내 아버지께서 나라를 내게 맡기신 것 같이 나도 너희에게 맡겨

(눅 22:30) 너희로 내 나라에 있어 내 상에서 먹고 마시며 또는 보좌에 앉아 이스라엘 열두 지파를 다스리게 하려 하노라

(약 1:15) 욕심이 잉태한즉 죄를 낳고 죄가 장성한즉 사망을 낳느니라

(요 10:10) 도적이 오는 것은 도적질하고 죽이고 멸망시키려는 것뿐이요

   4) 나는 영적 싸움에서 어느 부분을 더욱 무장해야겠다고 생각합니까?
그 부분을 무장하기 위해 구체적으로 어떻게 하겠습니까?

이 과를 마치면서

1. 시험에 승리했던 경험과 실패했던 경험을 나누어 보십시오.
   시험에서 승리하도록 성령의 능력을 구하십시오.

소감 및 깨달은 말씀

6. 하나님의 뜻

"너희는 이 세대를 본받지 말고 오직 마음을 새롭게 함으로 변화를 받아
하나님의 선하시고 기뻐하시고 온전하신 뜻이 무엇인지 분별하도록 하라"(롬 12:2)

6

하나님의 뜻은 하나님의 의지, 목적, 계획, 소원, 생각, 마음 등으로 다양하게 표현되고 있습니다.

(엡 1:9) 그 뜻의 비밀을 우리에게 알리신 것이요

하나님은 우리에게 자신의 뜻을 나타내셔서 알게 하십니다.

따라서 우리는 하나님의 뜻을 알 수 있습니다

(엡 5:17) 그러므로 어리석은 자가 되지 말고 오직 주의 뜻이 무엇인가 이해하라

성경은 주의 뜻이 무엇인지 이해하라고 명령하고 있습니다.

(골 1:9) 너희로 하여금 모든 신령한 지혜와 총명에 하나님의 뜻을 아는 것으로 채우게 하시고

하나님의 뜻을 알아야 하나님의 뜻을 행할 수 있기 때문에, 우리는 하나님의 뜻을 아는 것으로 충만해져야 합니다.

1. 하나님의 뜻을 분별하라

1) 하나님의 절대적인 뜻과 일반적인 뜻을 나누어 설명해 보십시오.

(단 4:35) 하늘의 군대에게든지 땅의 사람에게든지 그는 자기 뜻대로 행하시나니

(롬 2:18) 율법의 교훈을 받아 하나님의 뜻을 알고 지극히 선한 것을 분간하며

하나님의 절대적인 뜻의 성격은 어떠합니까?

(행 4:27) 과연 헤롯과 본디오 빌라도는 이방인과 이스라엘 백성과 합세하여 하나님께서 기름 부으신 거룩한 종 예수를 거슬러 (행 4:28) 하나님의 권능과 뜻대로 이루려고 예정하신 그것을 행하려고 이 성에 모였나이다

(엡 1:11) 모든 일을 그의 뜻의 결정대로 일하시는 이의 계획을 따라 우리가 예정을 입어

(신 29:29) 감추어진 일은 우리 하나님 여호와께 속하였거니와 나타난 일은 영원히 우리와 우리 자손에게 속하였나니 이는 우리에게 이 율법의 모든 말씀을 행하게 하심이니라

(롬 12:2) 하나님의 선하시고 기뻐하시고 온전하신 뜻이 무엇인지 분별하도록 하라

(약 1:13) 사람이 시험을 받을 때에 내가 하나님께 시험을 받는다 하지 말지니 하나님은 악에게 시험을 받지도 아니하시고 친히 아무도 시험하지 아니하시느니라

(고전 16:7) 만일 주께서 허락하시면 얼마 동안 너희와 함께 머물기를 바람이라

2) 하나님의 뜻을 분별하기 위한 전제 조건은 무엇입니까?

하나님의 뜻의 성격은 어떠합니까?

(롬 12:1) 그러므로 형제들아 내가 하나님의 모든 자비하심으로 너희를 권하노니 너희 몸을 하나님이 기뻐하시는 거룩한 산 제물로 드리라 이는 너희가 드릴 영적 예배니라 (롬 12:2) 너희는 이 세대를 본받지 말고 오직 마음을 새롭게 함으로 변화를 받아 하나님의 선하시고 기뻐하시고 온전하신 뜻이 무엇인지 분별하도록 하라

3) 성경에 명백하게 나타나 있는 하나님의 뜻은 무엇입니까?

(마 18:14) 이와 같이 이 작은 자 중의 하나라도 잃는 것은 하늘에 계신 너희 아버지의 뜻이 아니니라

(살전 4:3) 하나님의 뜻은 이것이니 너희의 거룩함이라 곧 음란을 버리고

(살전 5:16) 항상 기뻐하라 (살전 5:17) 쉬지 말고 기도하라 (살전 5:18) 범사에 감사하라 이것이 그리스도 예수 안에서 너희를 향하신 하나님의 뜻이니라

(벧전 3:17) 선을 행함으로 고난 받는 것이 하나님의 뜻일진대

4) 나는 하나님의 뜻을 분별하기 위해 특별히 무엇에 힘쓰겠습니까? 하나님의 명백한 뜻은 무엇이며 이를 이루기 위해 어떻게 하겠습니까?

2. 하나님의 뜻을 아는 방법

1) 하나님의 뜻을 아는 가장 기본적인 방법은 무엇입니까?

(딤후 3:16) 모든 성경은 하나님의 감동으로 된 것으로 교훈과 책망과 바르게 함과 의로 교육하기에 유익하니

(롬 2:18) 율법의 교훈을 받아 하나님의 뜻을 알고

(시 119:105) 주의 말씀은 내 발에 등이요 내 길에 빛이니이다

2) 하나님이 우리에게 주신 자원 중 사용해야 할 것은 무엇입니까?

(눅 12:57) 또 어찌하여 옳은 것을 스스로 판단하지 아니하느냐

(잠 3:5) 너는 마음을 다하여 여호와를 신뢰하고 네 명철을 의지하지 말라

(사 55:8) 이는 내 생각이 너희 생각과 다르며 내 길은 너희의 길과 다름이니라

(렘 17:9) 만물보다 거짓되고 심히 부패한 것은 마음이라

3) 어떤 방법으로 다른 사람의 지혜를 빌릴 수 있습니까? 결국 이것도 무엇을 통해 이루어지는 것입니까?

(잠 19:20) 너는 권고를 들으며 훈계를 받으라 그리하면 네가 필경은 지혜롭게 되리라

(마 18:17) 만일 그들의 말도 듣지 않거든 교회에 말하고 교회의 말도 듣지 않거든 이방인과 세리와 같이 여기라

(출 18:24) 이에 모세가 자기 장인의 말을 듣고 그 모든 말대로 하여 (출 18:25) 모세가 이스라엘 무리 중에서 능력 있는 사람들을 택하여 그들을 백성의 우두머리 곧 천부장과 백부장과 오십부장과 십부장을 삼으매

(딤후 3:16) 모든 성경은 하나님의 감동으로 된 것으로 교훈과 책망과 바르게 함과 의로 교육하기에 유익하니

4) 이제 하나님의 뜻을 알기 위해 성경을 어떻게 연구하겠습니까?

3. 하나님의 뜻을 아는 성령의 증거

1) 성경에 나타난 성령의 인도하심의 사례를 말해 보십시오.
성령의 내적 증거가 무엇인지 설명해 보십시오.

(롬 8:16) 성령이 친히 우리의 영과 더불어 우리가 하나님의 자녀인 것을 증언하시나니

(행 8:29) 성령이 빌립더러 이르시되 이 수레로 가까이 나아가라 하시거늘

(행 10:19) 베드로가 그 환상에 대하여 생각할 때에 성령께서 그에게 말씀하시되 두 사람이 너를 찾으니 (행 10:20) 일어나 내려가 의심하지 말고 함께 가라

(행 13:2) 주를 섬겨 금식할 때에 성령이 이르시되 내가 불러 시키는 일을 위하여 바나바와 사울을 따로 세우라 하시니

(행 15:28) 성령과 우리는 이 요긴한 것들 외에는 아무 짐도 너희에게 지우지 아니하는 것이 옳은 줄 알았노니

2) 우리의 소원은 하나님의 뜻과 어떤 관계가 있습니까?

바울의 소원은 무엇이었으며 결국 어떻게 되었습니까?

(빌 2:13) 너희 안에서 행하시는 이는 하나님이시니 자기의 기쁘신 뜻을 위하여 너희에게 소원을 두고 행하게 하시나니

(시 107:30) 여호와께서 그들이 바라는 항구로 인도하시는도다

(시 37:4) 또 여호와를 기뻐하라 그가 내 마음의 소원을 네게 이루어 주시로다

(고후 12:8) 이것이 내게서 떠나가게 하기 위하여 내가 세 번 주께 간구하였더니

(행 16:6) 성령이 아시아에서 말씀을 전하지 못하게 하시거늘 (행 16:7) 무시아 앞에 이르러 비두니아로 가고 애쓰되 예수의 영이 허락하지 아니하시는지라

(행 19:21) 바울이 마게도냐와 아가야를 거쳐 예루살렘에 가기로 작정하여 이르되 내가 거기 갔다가 후에 로마도 보아야 하리라 하고

3) 내적 평안은 하나님의 뜻과 어떤 관계가 있습니까?

(빌 4:6) 아무 것도 염려하지 말고 오직 모든 일에 기도와 간구로, 너희 구할 것을 감사함으로 하나님께 아뢰라 (빌 4:7) 그리하면 모든 지각에 뛰어난 하나님의 평강이 그리스도 예수 안에서 너희 마음과 생각을 지키시리라

(골 3:15) 그리스도의 평강이 너희 마음을 주장하게 하라

(사 26:3) 주께서 심지가 견고한 자를 평강하고 평강하도록 지키시리니 이는 그가 주를 신뢰함이니이다

4) 성령의 내적 증거들에 대한 위험성은 무엇입니까?

나는 성령의 역사에 무지하여 성령의 감동을 무시하지는 않았습니까?

나는 성령의 인도를 받기 위해 어떤 일에 더욱 힘쓰겠습니까?

4. 하나님의 뜻을 아는 다른 방법들

1) 외적인 환경은 하나님의 뜻과 어떤 관계가 있습니까?

(행 8:1) 사울은 그가 죽임 당함을 마땅히 여기더라 그 날에 예루살렘에 있는 교

회에 큰 박해가 있어 사도 외에는 다 유대와 사마리아 모든 땅으로 흩어지니라 (행 16:6) 성령이 아시아에서 말씀을 전하지 못하게 하시거늘 그들이 브루기아와 갈라디아 땅으로 다녀가 (행 16:7) 무시아 앞에 이르러 비두니아로 가고 애쓰되 예수의 영이 허락하지 아니하시는지라

2) 양심은 하나님의 뜻과 어떤 관계가 있습니까?

(롬 2:14) (율법 없는 이방인이 본성으로 율법의 일을 행할 때에는 이 사람은 율법이 없어도 자기가 자기에게 율법이 되나니 (롬 2:15) 이런 이들은 그 양심이 증거가 되어 그 생각들이 서로 혹은 고발하며 혹은 변명하여 그 마음에 새긴 율법의 행위를 나타내느니라)

(딛 1:15) 오직 그들의 마음과 양심이 더러운지라

(딤전 4:2) 자기 양심이 화인을 맞아서 외식함으로 거짓말하는 자들이라

(히 10:22) 우리가 마음에 뿌림을 받아 악한 양심으로부터 벗어나고 몸은 맑은 물로 씻음을 받았으니

(딤전 1:5) 이 교훈의 목적은 청결한 마음과 선한 양심과

(행 23:1) 여러분 형제들아 오늘날까지 나는 범사에 양심을 따라 하나님을 섬겼노라

(행 24:16) 나도 하나님과 사람에 대하여 항상 양심에 거리낌이 없기를 힘쓰나이다

3) 하나님의 특별한 인도에는 어떤 것들이 있으며 그 위험성은 무엇입니까?

(행 10:3) 하루는 제 구 시쯤 되어 환상 중에 밝히 보매 하나님의 사자가 들어와

(삿 6:37) 만일 이슬이 양털에만 있고 주변 땅은 마르면 주께서 이미 말씀하심같이 내 손으로 이스라엘을 구원하실 줄을 내가 알겠나이다

(창 24:14) 한 소녀에게 이르기를 청하건대 너는 물동이를 기울여 나로 마시게 하라 하리니 그의 대답이 마시라 내가 당신의 낙타에게도 마시게 하리라 하면 그는 주께서 주의 종 이삭을 위하여 정하신 자라

(눅 2:10) 천사가 이르되 무서워하지 말라 보라 내가 온 백성에게 미칠 큰 기쁨의 좋은 소식을 너희에게 전하노라

(마 2:12) 꿈에 헤롯에게로 돌아가지 말라 지시하심을 받아 다른 길로 고국에 돌아가니라

(렘 29:8) 너희 중에 있는 선지자들에게와 점쟁이에게 미혹되지 말며 너희가 꾼 꿈도 곧이 듣고 믿지 말라

(행 12:7) 홀연히 주의 사자가 나타나매 옥중에 광채가 빛나며 또 베드로의 옆구리를 쳐 깨워 이르되 급히 일어나라 하니 쇠사슬이 그 손에서 벗어지더라

(수 7:18) 유다 지파 세라의 증손이요 삽디의 손자요 갈미의 아들인 아간이 뽑혔더라

4) 최근의 환경을 통해 나타난 하나님의 뜻을 어떻게 해석하겠습니까?

5. 하나님의 뜻에 대한 자세와 태도

1) 하나님의 뜻을 결정하는 데 더 고려할 사항이 있다면 무엇입니까?

(고전 10:31) 너희가 먹든지 마시든지 무엇을 하든지 다 하나님의 영광을 위하여 하라

(마 6:33) 너희는 먼저 그의 나라와 그의 의를 구하라

(고전 8:9) 그런즉 너희의 자유가 믿음이 약한 자들에게 걸려 넘어지게 하는 것이 되지 않도록 조심하라

(고전 10:23) 모든 것이 가하나 모든 것이 덕을 세우는 것은 아니니

(고전 11:1) 내가 그리스도를 본받는 자 된 것 같이 너희는 나를 본받는 자가 되라

2) 말씀의 인도를 받기 위해 말씀 카드 뽑기, 임의로 성경 펼쳐 보기, 동전 던지기, 주사위 던지기 등의 방법을 사용하는 것은 어떠하다고 여겨집니까?

3) 하나님의 뜻에 대한 우리의 자세와 태도는 어떠해야 합니까?

(요 7:17) 사람이 하나님의 뜻을 행하려 하면 이 교훈이 하나님께로부터 왔는지 내가 스스로 말함인지 알리라

(롬 2:17) 유대인이라 불리는 네가 율법을 의지하며 하나님을 자랑하며

(롬 2:18) 율법의 교훈을 받아 하나님의 뜻을 알고 지극히 선한 것을 분간하며

(마 7:21) 나더러 주여 주여 하는 자마다 다 천국에 들어갈 것이 아니요 다만 하늘에 계신 내 아버지의 뜻대로 행하는 자라야 들어가리라

(행 13:22) 다윗을 왕으로 세우시고 증언하여 이르시되 내가 이새의 아들 다윗을 만나니 내 마음에 맞는 사람이라 내 뜻을 다 이루리라 하시더니

(요일 2:17) 이 세상도, 그 정욕도 지나가되 오직 하나님의 뜻을 행하는 자는 영원히 거하느니라

(행 21:13) 나는 주 예수의 이름을 위하여 결박 당할 뿐 아니라 예루살렘에서 죽을 것도 각오하였노라 하니

(시 119:60) 주의 계명들을 지키기에 신속히 하고 지체하지 아니하였나이다

(시 40:8) 나의 하나님이여 내가 주의 뜻 행하기를 즐기오니

(롬 14:23) 믿음을 따라 하지 아니하는 것은 다 죄니라

(골 4:12) 에바브라가 너희에게 문안하느니라 그가 항상 너희를 위하여 애써 기도하여 너희로 하나님의 모든 뜻 가운데서 완전하고 확신 있게 서기를 구하나니

4) 하나님의 뜻을 행한 후에 그 결과에 대해서 나는 어떻게 반응하겠습니까?

이 과를 마치면서

1. 하나님의 뜻을 알고 이를 행할 수 있는 능력을 달라고 기도하십시오.

소감 및 깨달은 말씀

7. 기독교 세계관

"하나님이 그들에게 복을 주시며 하나님이 그들에게 이르시되 생육하고 번성하여
땅에 충만하라, 땅을 정복하라, 바다의 물고기와 하늘의 새와 땅에
움직이는 모든 생물을 다스리라 하시니라"(창 1:28)

7

세계관(world view)은 세계(world)를 보는(view) 관점(시각, 방식)입니다.

기독교 세계관(christian world view)은 기독교적인 관점으로 세계를 보는 것입니다. 기독교 세계관은 성경적 세계관입니다.

기독교적인 관점은 성경에 입각해 세계를 보는 관점(시각)입니다.

따라서 세계관은 세상을 보는 안경이라고 할 수 있습니다.

어떤 안경을 쓰고 세계를 보느냐에 따라 세계가 다르게 보입니다.

모든 사람들은 각기 자기 나름대로의 세계관을 가지고 있으며 이를 통해 세계를 보고 설명합니다.

따라서 세계관은 우리의 생각과 생활을 지배한다고 할 수 있습니다.

결국 사람들은 자기의 세계관에 따라 살아가는 것입니다.

1. 세속적 세계관과 기독교 세계관

　　1) 여러 가지 세계관을 간략하게 설명해 보십시오.

① 유물론적 세계관(Materialism)

② 범신론적 세계관(Pantheism)

③ 자연신론적 세계관(Deism)

④ 기독교 유신론적 세계관(Christian theism)

　　2) 성경적 세계관은 이 세계를 창조, 타락, 구속으로 설명하고 있습니다. 이에 대해 이야기해 보십시오.

(창 1:1) 태초에 하나님이 천지를 창조하시니라

(딤전 4:4) 하나님께서 지으신 모든 것이 선하매 감사함으로 받으면 버릴 것이 없나니

(시 95:3) 여호와는 크신 하나님이시요 모든 신들보다 크신 왕이시기 때문이로다

(시 119:91) 천지가 주의 규례들대로 오늘까지 있음은 만물이 주의 종이 된 까닭이니이다

(시 8:5) 그를 하나님보다 조금 못하게 하시고 영화와 존귀로 관을 씌우셨나이다

(시 8:6) 주의 손으로 만드신 것을 다스리게 하시고 만물을 그의 발 아래 두셨으니

(롬 1:20) 창세로부터 그의 보이지 아니하는 것들 곧 그의 영원하신 능력과 신성이 그가 만드신 만물에 분명히 보여 알려졌나니

(롬 1:21) 하나님을 알되 하나님을 영화롭게도 아니하며 감사하지도 아니하고

(롬 1:23) 썩어지지 아니하는 하나님의 영광을 썩어질 사람과 새와 짐승과 기어다니는 동물 모양의 우상으로 바꾸었느니라

(창 3:15) 여자의 후손은 네 머리를 상하게 할 것이요

(롬 8:21) 그 바라는 것은 피조물도 썩어짐의 종 노릇 한 데서 해방되어 하나님의 자녀들의 영광의 자유에 이르는 것이라

(골 1:20) 그의 십자가의 피로 화평을 이루사 만물 곧 땅에 있는 것들이나 하늘

에 있는 것들이 그로 말미암아 자기와 화목하게 되기를 기뻐하심이라

   3) 창조, 타락, 구속의 관점에서 세속적 세계관을 평가해 보십시오.
(고후 10:4) 우리의 싸우는 무기는 육신에 속한 것이 아니요 오직 어떠한 진도
무너뜨리는 하나님의 능력이라 모든 이론을 무너뜨리며 (고후 10:5) 하나님 아는
것을 대적하여 높아진 것을 다 무너뜨리고 모든 생각을 사로잡아 그리스도에게
복종하게 하니

   4) 기독교 세계관의 관점에 따라 이제 무엇에도 관심을 기울여야 하
겠습니까?

2. 문화 명령

   1) 문화란 무엇입니까? 문화 명령에 대해 설명해 보십시오.
(창 1:28) 하나님이 그들에게 이르시되 생육하고 번성하여 땅에 충만 하라, 땅을
정복하라, 바다의 물고기와 하늘의 새와 땅에 움직이는 모든 생물을 다스리라

   2) 문화를 창조, 타락, 구속의 관점에서 설명해 보십시오.
① 문화의 창조(타락 전의 문화)
(창 1:26) 우리의 형상을 따라 우리의 모양대로 우리가 사람을 만들고 그들로 바
다의 물고기와 하늘의 새와 가축과 온 땅과 땅에 기는 모든 것을 다스리게 하자
(창 1:29) 하나님이 이르시되 내가 온 지면의 씨 맺는 모든 채소와 씨 가진 열매
맺는 모든 나무를 너희에게 주노니 너희의 먹을거리가 되리라
(창 2:15) 여호와 하나님이 그 사람을 이끌어 에덴 동산에 두어 그것을 경작하며
지키게 하시고
(창 2:19) 여호와 하나님이 흙으로 각종 들짐승과 공중의 각종 새를 지으시고 아
담이 무엇이라고 부르나 보시려고 그것들을 그에게로 이끌어 가시니 아담이 각

생물을 부르는 것이 곧 그 이름이 되었더라 (창 2:20) 아담이 모든 가축과 공중의 새와 들의 모든 짐승에게 이름을 주니라

(창 2:23) 아담이 이르되 이는 내 뼈 중의 뼈요 살 중의 살이라 이것을 남자에게서 취하였은즉 여자라 부르리라 하니라 (창 2:24) 이러므로 남자가 부모를 떠나 그의 아내와 합하여 둘이 한 몸을 이룰지로다

② 문화의 타락(타락 후의 문화)

(창 4:20) 아다는 야발을 낳았으니 그는 장막에 거주하며 가축을 치는 자의 조상이 되었고 (창 4:21) 그의 아우의 이름은 유발이니 그는 수금과 퉁소를 잡는 모든자의 조상이 되었으며 (창 4:22) 씰라는 두발가인을 낳았으니 그는 구리와 쇠로 여러 가지 기구를 만드는 자요 두발가인의 누이는 나아마였더라

(고전 10:31) 너희가 먹든지 마시든지 무엇을 하든지 다 하나님의 영광을 위하여 하라

③ 문화의 구속(구속 후의 문화)

(골 1:20) 그의 십자가의 피로 화평을 이루사 만물 곧 땅에 있는 것들이나 하늘에 있는 것들이 그로 말미암아 자기와 화목하게 되기를 기뻐하심이라

3) 주님이 재림하실 때 문화는 어떻게 된다고 봅니까?

(고전 3:12) 만일 누구든지 금이나 은이나 보석이나 나무나 풀이나 짚으로 이 터 위에 세우면 (고전 3:13) 각 사람의 공적이 나타날 터인데 그 날이 공적을 밝히리니 이는 불로 나타내고 그 불이 각 사람의 공적이 어떠한 것을 시험할 것임이라

4) 나는 예수님의 주 되심을 제한하고 있지 않습니까?
나는 이제 문화 명령을 수행하기 위해 어떻게 하겠습니까?

(골 2:6) 그러므로 너희가 그리스도 예수를 주로 받았으니 그 안에서 행하되

3. 이원론적 세계관

잘못된 세계관은 이분법적으로 거룩한 영역과 세속적인 영역을 나눕니다.

1) '교회와 세상'을 '성과 속'으로 구분하는 세계관의 문제점은 무엇입니까?

(히 10:18) 이것들을 사하셨은즉 다시 죄를 위하여 제사 드릴 것이 없느니라

(히 10:19) 그러므로 형제들아 우리가 예수의 피를 힘입어 성소에 들어갈 담력을 얻었나니 (히 10:20) 그 길은 우리를 위하여 휘장 가운데로 열어 놓으신 새로운 살 길이요 휘장은 곧 그의 육체니라

(슥 14:20) 그 날에는 말 방울에까지 여호와께 성결이라 기록될 것이라 여호와의 전에 있는 모든 솥이 제단 앞 주발과 다름이 없을 것이니 (슥 14:21) 예루살렘과 유다의 모든 솥이 만군의 여호와의 성물이 될 것인즉 제사 드리는 자가 와서 이 솥을 가져다가 그것으로 고기를 삶으리라

(요일 2:15) 이 세상이나 세상에 있는 것들을 사랑하지 말라

(요 3:16) 하나님이 세상을 이처럼 사랑하사 독생자를 주셨으니

(고전 5:10) 이 말은 이 세상의 음행하는 자들이나 탐하는 자들이나 속여 빼앗는 자들이나 우상 숭배하는 자들을 도무지 사귀지 말라 하는 것이 아니니 만일 그리하려면 너희가 세상 밖으로 나가야 할 것이라

(요 17:18) 아버지께서 나를 세상에 보내신 것 같이 나도 그들을 세상에 보내었고

(마 6:2) 그러므로 구제할 때에 외식하는 자가 사람에게서 영광을 받으려고 회당과 거리에서 하는 것 같이 너희 앞에 나팔을 불지 말라

(골 3:23) 무슨 일을 하든지 마음을 다하여 주께 하듯 하고 사람에게 하듯 하지 말라 (골 3:24) 이는 기업의 상을 주께 받을 줄 아나니 너희는 주 그리스도를 섬기느니라

2) '영혼은 선하고 육은 악하다'는 세계관의 문제점은 무엇입니까?

(요이 1:7) 미혹하는 자가 세상에 많이 나왔나니 이는 예수 그리스도께서 육체로 오심을 부인하는 자라 이런 자가 미혹하는 자요 적그리스도니

(딤전 4:3) 혼인을 금하고 어떤 음식물은 먹지 말라고 할 터이나 음식물은 하나님이 지으신 바니 믿는 자들과 진리를 아는 자들이 감사함으로 받을 것이니라

(창 2:7) 여호와 하나님이 땅의 흙으로 사람을 지으시고 생기를 그 코에 불어넣으시니 사람이 생령이 되니라

(행 17:18) 바울이 예수와 부활을 전하기 때문이러라

　3) 이 세상은 불타 없어질 것이므로 천국에만 소망을 두는 세계관의 문제점은 무엇입니까?

(롬 8:21) 그 바라는 것은 피조물도 썩어짐의 종 노릇 한 데서 해방되어 하나님의 자녀들의 영광의 자유에 이르는 것이라

(골 1:20) 그의 십자가의 피로 화평을 이루사 만물 곧 땅에 있는 것들이나 하늘에 있는 것들이 그로 말미암아 자기와 화목하게 되기를 기뻐하심이라

(계 21:5) 보좌에 앉으신 이가 이르시되 보라 내가 만물을 새롭게 하노라

　4) 이원론적 세계관의 영향을 받아 그릇되게 한 신앙생활은 무엇이었으며 어떻게 고치겠습니까?

4. 세계관의 영역–학문

　1) 학교에서 가르치는 교과목에는 어떤 것들이 있습니까?

이 교과목들은 무엇을 공부하는 것이며 하나님의 어떠하심을 나타냅니까?

(롬 1:20) 창세로부터 그의 보이지 아니하는 것들 곧 그의 영원하신 능력과 신성이 그가 만드신 만물에 분명히 보여 알려졌나니

(시 19:1) 하늘이 하나님의 영광을 선포하고 궁창이 그의 손으로 하신 일을 나타

내는도다

(잠 3:19) 여호와께서는 지혜로 땅에 터를 놓으셨으며 명철로 하늘을 견고히 세우셨고

(롬 11:33) 깊도다 하나님의 지혜와 지식의 풍성함이여

2) 성경 외의 영역 가운데 하나님의 진리가 나타나는 것은 어떤 것입니까? 모든 학문은 무엇의 조명을 받아 연구해야 합니까?

3) 세속적 교육의 교육철학은 교과서나 학생, 또는 국가가 중심이 되는데 이것의 문제점은 무엇입니까?

무엇이 중심인 학문이 되도록 해야 합니까?

4) 이제 무엇을 위해, 어떤 자세로 공부하겠습니까?

5. 세계관의 영역-일

1) 세상에서 하는 일들은 어떤 의미가 있습니까?

(요 20:21) 아버지께서 나를 보내신 것 같이 나도 너희를 보내노라

(마 5:16) 이같이 너희 빛이 사람 앞에 비치게 하여 그들로 너희 착한 행실을 보고 하늘에 계신 너희 아버지께 영광을 돌리게 하라

(롬 12:1) 내가 하나님의 모든 자비하심으로 너희를 권하노니 너희 몸을 하나님이 기뻐하시는 거룩한 산 제물로 드리라 이는 너희가 드릴 영적 예배니라

2) 세상에서 하는 일상적인 일도 거룩해질 수 있는 이유는 무엇입니까?

(딤전 4:3) 혼인을 금하고 어떤 음식물은 먹지 말라고 할 터이나 음식물은 하나님이 지으신 바니 믿는 자들과 진리를 아는 자들이 감사함으로 받을 것이니라

(딤전 4:4) 하나님께서 지으신 모든 것이 선하매 감사함으로 받으면 버릴 것이

없나니 (딤전 4:5) 하나님의 말씀과 기도로 거룩하여짐이라

(마 25:21) 그 주인이 이르되 잘 하였도다 착하고 충성된 종아 네가 적은 일에 충성하였으매 내가 많은 것을 네게 맡기리니 네 주인의 즐거움에 참여할지어다 하고

(골 3:23) 무슨 일을 하든지 마음을 다하여 주께 하듯 하고 사람에게 하듯 하지 말라 (골 3:24) 이는 기업의 상을 주께 받을 줄 아나니 너희는 주 그리스도를 섬기느니라

(롬 13:4) 그는 하나님의 사역자가 되어 네게 선을 베푸는 자니라

(롬 13:6) 그들이 하나님의 일꾼이 되어 바로 이 일에 항상 힘쓰느니라

(고전 10:31) 너희가 먹든지 마시든지 무엇을 하든지 다 하나님의 영광을 위하여 하라

3) 이 세상에서 한 일들은 재림 때 어떻게 됩니까?

(계 14:13) 성령이 이르시되 그러하다 그들이 수고를 그치고 쉬리니 이는 그들의 행한 일이 따름이라 하시더라

(벧후 3:10) 그러나 주의 날이 도둑 같이 오리니 그 날에는 하늘이 큰 소리로 떠나가고 물질이 뜨거운 불에 풀어지고 땅과 그 중에 있는 모든 일이 드러나리로다

4) 직업(vocation)은 무엇이라고 봅니까?
사회적인 구조 악을 개혁해 나가도록 어떻게 하겠습니까?
(고전 7:20) 각 사람이 부르심을 받은 그 부르심 그대로 지내라

이 과를 마치면서

1. 내가 하는 일을 통해 하나님께 영광을 돌릴 수 있도록 기도하십시오.

소감 및 깨달은 말씀

출 석 부

제   권   제자양육, 훈련, 무장 과정   단계

출석 ⌿8 - 지각   예습 A,B,C 중   기도 5번 일 : 10분 이상

날짜	과	이 름	출 석	예 습	성경읽기	기 도	큐 티	암 송	과 제	인도자

두루제자훈련 제자화 과정 •···

| 제자 양육 과정 5단계(35과) |

    1권 110 제자 양육 1단계(7과): 그리스도의 복음

    2권 120 제자 양육 2단계(7과): 그리스도인의 성장

    3권 130 제자 양육 3단계(7과): 그리스도인의 새생활

    4권 140 제자 양육 4단계(7과): 그리스도의 교회

    5권 150 제자 양육 5단계(7과): 그리스도인의 예배

| 제자 훈련 과정 5단계(35과) |

    6권 210 제자 훈련 1단계(7과): 그리스도인의 새생명

    7권 220 제자 훈련 2단계(7과): 그리스도인의 확신

    8권 230 제자 훈련 3단계(7과): 그리스도인의 생활

    9권 240 제자 훈련 4단계(7과): 그리스도의 교리

    10권 250 제자 훈련 5단계(7과): 그리스도인의 성숙

| 제자 무장 과정 5단계(35과) |

    11권 310 제자 무장 1단계(7과): 그리스도의 제자

    12권 320 제자 무장 2단계(7과): 그리스도인의 성품

    13권 330 제자 무장 3단계(7과): 그리스도의 제자도

    14권 340 제자 무장 4단계(7과): 그리스도인의 사역

    15권 350 제자 무장 5단계(7과): 그리스도인의 지도력

우리는 평신도를 제자화하여 하나님의 나라를 확장한다.

1. 1992.1.28. 마태복음 9:35-38에 예수님이 모든 도시와 마을에 두루 다니사 가르치시며(teaching ministry) 전파하시며(preaching ministry) 고치시는(healing ministry) 사역을 하신 것을 통하여 두루선교에 대한 비전을 주셨다.

2. 우리는 교회를 중심한 제자훈련을 열심히 실시하여 왔으며 우리의 목표는 평신도를 제자화하여 하나님 나라를 확장하는 것이다.

3. 2004. 9.5. 창대교회에서 두루선교대회를 개최하여 캠퍼스 간사와 리더들과 평신도 리더들을 파송하고 지부와 교회 사역자들과 후원 이사들을 위촉하였다.

4. 두루제자훈련원 세미나는 2004년 12월 겨울학기부터 시작하게 되었는데 1년 7학기로 정기세미나를 실시하고 있다.

   1) 초봄 학기: 2월~3월 7주   4) 여름 학기: 8월 집중   7) 겨울학기: 1월 집중

   2) 봄 학기: 4월~5월 7주   5) 가을 학기: 9월~10월 7주

   3) 늦봄 학기: 6월~7월 7주   6) 늦가을학기: 11월~12월 7주

5. 현재 세미나는 목회자반과 평신도반이 개설되어 있으며 캠퍼스는 연세대, 서울대, 이화여대 등 여러 대학에서 사역하고 있다.

6. 두루제자훈련원 중점 사역들(교회 중심의 제자훈련)

   1) 단계별 소그룹 성경공부

      ① 제자양육과정(5단계: 35과)

      ② 제자훈련과정(5단계: 35과)

      ③ 제자무장과정(5단계: 35과)

   2) 주제별(연역적인 방법) 성경강의(100 Topics)

   3) 책별(귀납적인 방법) 성경연구(신구약 66권)

   4) 제자수련회를 통한 영성훈련

7. 세미나 및 교재에 대한 문의

   두루제자훈련원 평생 전화/ 0505-500-0505

   이메일 · duru@hanmail.net   홈페이지 · www.durums.org

   해외나 멀리 계신 분은 인터넷으로 통화할 수 있습니다.

8. 해외나 지역, 교회, 캠퍼스, 직장 등에서 제자훈련 사역을 하실 분은 연락 바랍니다.

9. 등록 및 후원 입금계좌: 신한은행 110-115-963454 (계좌명: 두루선교회)

저자 이문선 목사

총신대학교 신학대학원 3년 재학 중 제자훈련을 연구하여 논문을 작성하였고 캘리포니아신학대학원에서 제자훈련 논문을 출판하였다. 비브리칼신학대학원 목회학 박사과정 논문을 준비하고 있으며 지금까지 25년 이상 제자훈련을 연구하며 실시하고 있다. 현재 대한예수교장로회 총회(합동) 서울북노회 창대교회(일산) 담임목사로 섬기고 있으며 프리셉트 전문 강사로 일산을 중심으로 1998년부터 8년째 90학기(10주 과정) 정도 신구약 성경을 강의하였다. 두루제자훈련원(두루선교회)을 설립하여 2004년 12월부터 1년 7학기로 정기세미나를 인도하고 있으며 현재 목회자반과 평신도반을 강의하고 있고 연세대와 서울대와 이화여대를 중심으로 캠퍼스 사역을 실시하고 있다.

논문: 제자훈련의 이론과 실제
교재: 두루제자화 과정

두 루 제 자 훈 련 원   제 자 화   과 정
제10권 제자훈련 5단계 그리스도인의 성숙

초판1쇄 발행일 | 2010년 8월 25일
초판2쇄 발행일 | 2020년 2월 29일

지은이|이문선   펴낸이|김학룡   펴낸곳|엔크리스토
마케팅|유영진, 조형준   관리부|김광현, 강주영, 황동주, 오연희
교정|김의수, 임유진   표지그림|진형주

출판등록|2004년 12월 8일(제2004-116호)
주소| 경기도 고양시 일산동구 장대길 74-6
전화|(031) 906-9191   팩스|0505-365-9191
이메일|9191@korea.com
공급처|(주)기독교출판유통
ISBN 978-89-92027-90-8 04230
        89-92027-02-8(세트)
값 3,000원

● 잘못된 책은 바꾸어 드립니다.
● 이 교재의 사용 방법, 내용, 훈련, 세미나에 대한 문의는 두루제자훈련원(0505-500-0505)으로 해주시면 최선을 다해 도와드리겠습니다.